Quand elle donne ainsi tous les gaz, même en quatrième vitesse, c'est comme si la moto se cabrait à la sollicitation, et elle ne peut s'empêcher d'être émerveillée (comme elle le fut à chaque fois par le mouvement de l'amour, dont elle commence à bien connaître les frénésies pourtant), flattée aussi par la ressource de ce grand corps soumis au sien. S'il avait voulu, s'il voulait maintenant, se retourner, renverser les positions et l'écraser de sa puissance et sous son poids (faire en somme ce que Daniel au lit appelle une **variation**), elle pense qu'elle n'aurait eu, ni n'aurait, de révolte.

André Pieyre de Mandiargues, *La Motocyclette*.

72, cours Julien – 13006 Marseille.

ISBN 2-86364-133-6

BIKERS

Bernard de Tournadre

VARIATIONS

photographies

Éditions Parenthèses

PARTS & ACCESSORIES
PISTON
PARTS and ACCESSORIES
PARTS and ACCESSORIES

GENUINE
MOTOR
HARLEY-DAVIDSON
CYCLES
OIL
REFINERY SEALED
HARLEY-DAVIDSON MOTOR CO.
MILWAUKEE
U.S.A.
PISTON RINGS
GENUINE
PARTS and ACCESSORIES
GENUINE BEARINGS
2473
1195
0755
1349

VEEDOL
SHELL
2-T
MOTOR OIL
SHELL
X-100
MOTOR OIL
X-100
MOTOR OIL
FERMÉ L
MERCREDI
IGOL
IGOL
WE PUT THEM BACK
Indian

PLAYERS CLUB
MC

varia-tion 1

David Vincent octobre 2004.

Claude Tiano juillet 2003.

Nicolas Chauvin septembre 2004.

Alain Servie juin 2003.

Dolly novembre 2003.

Mammouth juillet 2003.

Coco et Michel Logelin juin 2003.

Totophe juin 2004.

Alban Plantevin juillet 2003.

Alexis Collin septembre 2002.

Dav et sa fille Lou juillet 2003.

p. 11 **David Vincent** octobre 2004.
37 ans, chaudronnier. Il récupère, détourne, sculpte des motos pour valoriser l'élément acier.

p. 12 **Claude Tiano** juillet 2003.
40 ans, agent EDF. Il restaure des motos et les installe ensuite dans son musée, riche de plus de 40 pièces, appelé 3M (Moto Mode Militaire).

p. 13 **Nicolas Chauvin** septembre 2004.
38 ans, illustrateur. À partir d'un moteur Harley, il crée des motos de rêve, qui ont fait l'admiration des bikes show du monde entier.

p. 14 **Alain Servie** juin 2003.
42 ans, mécanicien. Il est le spécialiste en France des anciens moteurs Harley.

p. 15 **Dolorès Federico, dite Dolly** novembre 2003.
46 ans, secrétaire commerciale chez Ricard. Elle en a eu marre d'être passagère et a décidé de prendre les rênes d'un rigide.

p. 15 **Philippe Baroz, dit Mammouth** juillet 2003.
42 ans, gendarme. Il restaure des motos et collectionne les insignes militaires.

p. 16 **Corinne Boutillon, dite Coco.**
40 ans.
Michel Logelin juin 2003.
47 ans, agent SNCF. Avec leur association « Les Loups », ils organisent des rassemblements. Ils ont décidé de se marier selon la tradition indienne.

p. 17 **Christophe Legrand, dit Totophe** juin 2004.
38 ans, tatoueur. Il tatoue dans l'esprit du rock'n roll et des bécanes.

p. 17 **Alban Plantevin** juillet 2003.
28 ans, pierceur et gérant de sociétés. Pour une pure adrénaline, sans substances illicites, il fait des performances en tractant des véhicules à l'aide de crochets implantés dans le dos.

p. 18 **Alexis Collin** septembre 2002.
55 ans, agent de maintenance et responsable technique. Sa passion est de démonter et de remonter son Shovel et son Fat Boy et de créer lui-même ses chaps en cuir.

p. 19 **David Spennato, dit Dav et sa fille Lou** juillet 2003.
33 ans, mécanicien. Il roule à travers le monde, seul, et recherche la vibration « éternelle » du Panhead.

p. 21 **Jean-Louis Lemettre, dit Le Diable** septembre 2004.
47 ans, chauffeur. Son tatouage, réalisé par Nels tattoo, est la fresque de sa vie : son père, ses meilleurs copains et sa boisson préférée, le Jack Daniel's.

Le Diable septembre 2004.

C'est par la magie d'une image du photographe américain Carl de Keyser que j'atterris un jour de mars 1999 à Daytona en plein Bike Week. Bien sûr, le son inimitable et l'originalité de toutes ces Harley-Davidson ne me laissèrent pas indifférent, mais c'est la passion, la personnalité et le charme de ceux qui les chevauchent qui m'ont fasciné. Je venais de rencontrer pour la première fois les Bikers avec leurs chaps, leurs V.Twins, leurs chromes, leurs tatouages, participant aux burns, aux runs, aux contests, aux parades... Puis d'une image à l'autre, de Sturgis à Milwaukee, de concentrations en portraits intimes, d'indiens en gaulois, à travers les paysages américains, au fil de six années de routes et de haltes, de hasards captés par mon Leica, ce livre est né. Le candide que je suis s'étonnera longtemps de la tolérance et de la générosité émanant des Bikers. Mais peut-être est-ce dû, au-delà de nos passions respectives, au simple fait qu'eux et moi sommes toujours et pour toujours de grands amoureux.

Bernard de Tournadre

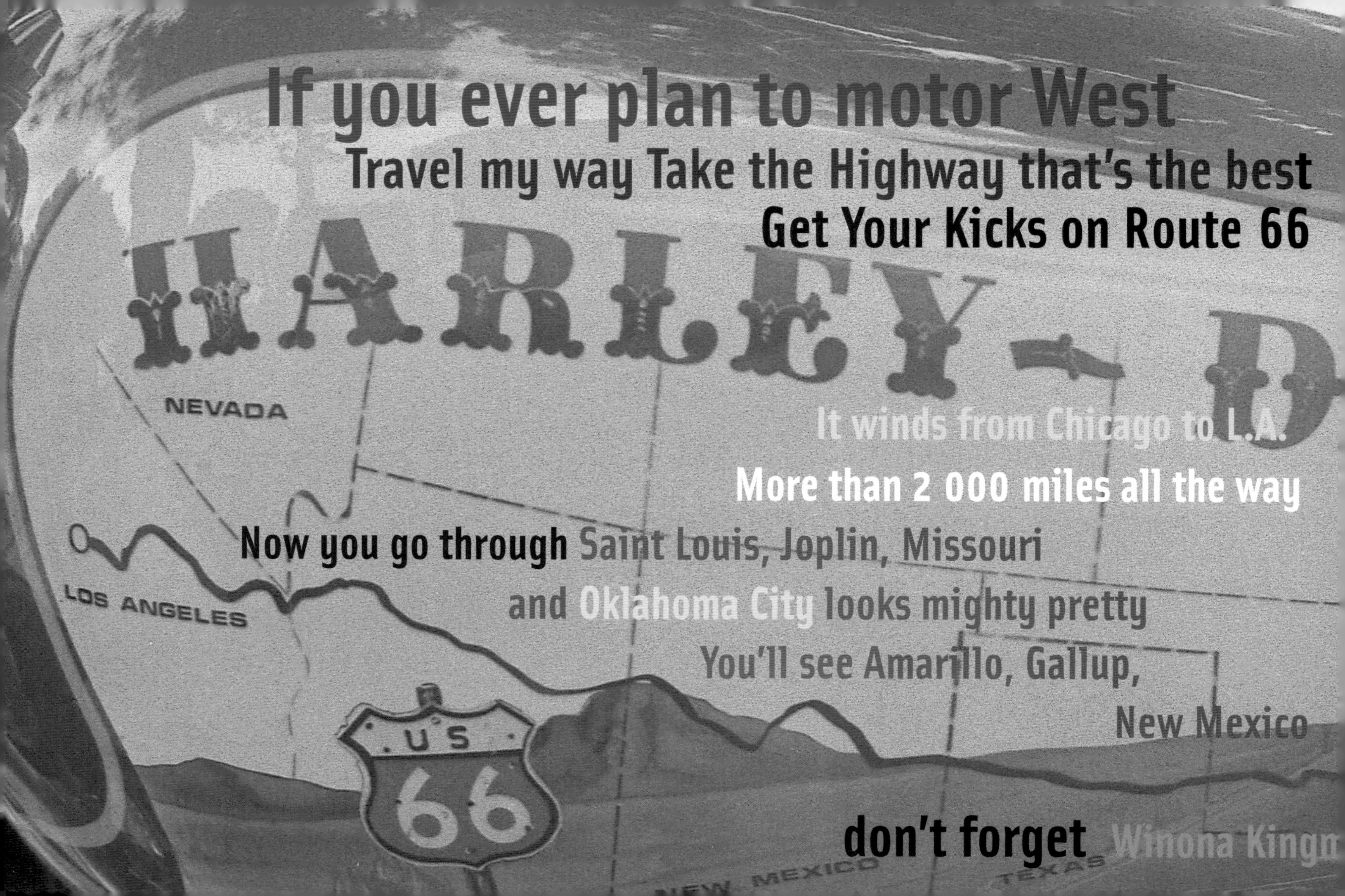

If you ever plan to motor West
Travel my way Take the Highway that's the best
Get Your Kicks on Route 66
It winds from Chicago to L.A.
More than 2 000 miles all the way
Now you go through Saint Louis, Joplin, Missouri
and Oklahoma City looks mighty pretty
You'll see Amarillo, Gallup,
New Mexico
don't forget Winona King

Flagstaff, Arizona,
rstow, San Bernardino

Why don't you get hip to this
timely tip
When you make that
California trip

**Get Your Kicks
on Route 66**

Bobby Troup, « Get Your Kicks on Route 66 ».

variation 2

Tout le monde aime les hors-la-loi.

Pour quelque foutue raison, on s'rappelle d'eux.

Jesse James.

C’est une affaire sérieuse pour nous.

Nos bécanes, *c'est* nous.

On sait cela. Les flics savent cela. Et tout le monde devrait aussi savoir ça.

Ralph "Sonny" Barger, *Hell's Angel.*

Rouler, c'est ça la vie pour un biker. Son bike, c'est sa première obligation, peu importe c'qui cloche ailleurs. Si y'a dix piasses et qu'son bike a besoin d'un changement d'huile, alors le bike est vidangé. Si j'ai besoin d'une paire de bottes et qu'mon bike a besoin d'un nouveau pneu, j'vas bummer une paire de bottes à un d'mes frères pis j'vas sortir acheter un pneu pour mon bike.

Si mon bi

est ça la vie pour un biker.
c'est sa première obligation,
rte c'qui cloche ailleurs. Si
isses et qu'son bike a besoin
gement d'huile, alors le bike
gé. Si j'ai besoin d'une paire
et qu'mon bike a besoin d'un
neu, j'vas bummer une paire

in de cinq piasses de gaz, et que j'veux prendre une bière, j'vas mettre cinq piasses de gaz dans mon bike, pis j'm'occuperai de m'trouver une bière plus tard. Un biker, c't'un biker. Pour moi, y vit et pense bike vingt-quatre heures sur vingt-quatre.

Caveman, membre des Rebels, cité par Daniel R. Wolf, *Les « Rebels »*.

Si mon bike a beso cinq piasses de ga que j'veux prendre bière j'vas mettre

Tu es posé là, et c'est un endroit où rien ne t'attrape, ne te juge ou ne te blâme.

Les épaules tirent, la nuque chauffe, mais **rien ne te dresse, ne te dompte ou ne t'oblige.**

Chaque fois, toujours, chaque départ devient un voyage vers une drôle de jouissance, solitaire et absolue. J'y suis une fois encore.

Autour, le paysage doit être flou, délayé – tu n'as pas de regard pour le paysage, le paysage, tu t'en fous.

J'appuie posément sur le guidon pour inscrire la moto dans les courbes ; l'angle rapproche le corps du bitume, forcément : tu n'as pas de regard pour le bitume. De regard pour rien autour, ni dessous. **Lève la tête, les yeux loin devant, là-bas, tout au fond.**

Je regarde loin devant. La route est droite et sans surprise.

Je l'ai faite souvent. Aujourd'hui, c'est autre chose. **Je lève la tête, les yeux loin devant, j'y vais. Je pars.**

Mylène Couton, *Noir métal*.

— Laisser le vent siffler autour. Peau contre peau, laisser le vent.

Deux motos, avançant au ralenti dans un bruit bourdonnant et insidieux, passent le long des trottoirs de bois, soulevant une fine couche de poussière.
Je n'y ai pas tout de suite prêté attention. La rue principale de Norwood n'est qu'une longue ligne droite et étroite, qui s'achève au bout de la rangée d'habitations de bois à un étage, par un virage menant sur la grand-route et la prairie vide à l'infini, encadrée par les montagnes bleutées. Les motos ont traversé le village puis amorcé le tournant et disparu de mon champ de vision. La rue est vide, excepté un chien et trois gamins vêtus de bleu. Mais voilà que le chien aboie et les enfants s'éparpillent pour se réfugier sur le trottoir, car les motos viennent de réapparaître. Elles ont dû faire demi-tour, puisqu'elles arrivent maintenant en sens inverse et je peux mieux remarquer le rythme lent, l'allure insolite de leurs passagers, et entendre à nouveau leur ronflement vaguement menaçant qui filtre, avec la fumée, par les pots d'échappement. Les motos roulent au pas, ou presque. Ce sont deux énormes Harley-Davidson à guidons hauts et chromés, aux châssis noirs, lourds et cambrés. Les sièges et réservoirs sont recouverts de drap de cuir noir et clouté. Les deux chevaux de feu sont montés par des personnages étranges.
Le premier porte une casquette faite dans le même cuir et ornée des mêmes rivets d'argent que ceux des selles et des sacoches. Il est chaussé de Ray-Ban d'aviateur aux verres gris foncé et à monture d'acier blanc. Il mâchouille un cigare éteint. Le deuxième, qui roule à un demi-mètre en retrait, très proche de lui, comme s'il voulait coller sa moto à la sienne, a le front ceint d'un bandeau de toile noir et blanc, à la façon des corsaires, avec un nœud à l'arrière de sa tignasse. Il est aussi mal rasé que son partenaire mais ne porte pas de lunettes et ses yeux rougis ne cessent d'aller à droite et à gauche de la rue, comme un projecteur balayant une portion de territoire, cherchant un objet à identifier. Arrivés à hauteur des ruelles qui coupent l'artère principale et morcellent la petite agglomération, les deux motards se séparent comme à la parade. Je ne les vois plus, mais j'entends le chant monotone et continu de leur marche au ralenti, puis les voici qui surgissent à nouveau dans la rue, comme s'ils étaient allés patrouiller dans les allées, les arrière-cours des bâtiments, pour revenir au centre du village, n'ayant rien trouvé. Quelques commerçants, des habitants, des vieilles dames, leur curiosité attirée par cet attelage inconnu en cette heure creuse de la matinée, ont pointé leurs visages aux fenêtres. Les deux motards arrêtent leurs engins à hauteur du bar côté nord et parquent les machines à la façon des cow-boys qui délaissaient les chevaux aux abords des saloons. Les deux motards sont vêtus l'un d'un blouson de policier en cuir noir, l'autre d'un gilet à manches courtes tricoté dans une laine grossière marron-noir. Sur le dos du blouson du premier, on peut lire, brodé en lettres blanches : *Hell's Angels*, Les Anges de l'Enfer. Ils portent des bottes noires et graisseuses à talons carrés, bouclées à la cheville par un éperon de laiton blanc. Ce sont des Frye Boots, qui ne ressemblent pas à nos bottes de l'Ouest et s'apparentent plutôt à celles d'un uniforme militaire. Ils grimpent les marches de bois qui mènent au haut trottoir et poussent la porte revolver du saloon, y pénétrant dans la même lenteur nonchalante et calculée avec laquelle ils avaient investi la rue du village, dégageant la même impression qu'ils sont en terrain conquis, mais demeurent aux aguets. On dirait deux prédateurs en vadrouille, reniflant l'air aux alentours.
Debout en retrait sur le trottoir d'en face, je me suis figé. Instinctivement, j'éprouve le besoin de me dissimuler comme si je savais qu'il se passe quelque chose qui ne me concerne pas encore, mais me pousse à refuser d'entrer en contact avec ces gens venus d'ailleurs. J'entends alors dans mon dos le même bourdonnement agaçant parce qu'il inquiète et insiste, le ronronnement d'une moto qui s'approche.
C'est un troisième motard, surgi du bout de la rue, et l'idée me vient qu'il ferme la marche, il a délibérément pris quelques minutes de retard sur les deux premiers cavaliers. Son apparence physique est semblable à la leur, à quelques nuances près. Ainsi, il porte un chapeau melon, écorné et troué en son sommet, couvre-chef habituellement comique mais qui, sur cette gueule mal rasée, fait ressortir l'aspect croque-mort du personnage. Son blouson est d'un autre type : style

aviateur, en nylon vert kaki, doublé de toile de parachute orange vif. Avec un tel accoutrement, vous feriez tache au milieu d'un millier de personnes. Ici, dans la rue déserte de Norwood, l'apparition dérange encore plus, comme si le motard voulait provoquer un rire et déclencher ainsi une mauvaise querelle. Il y a dans les vêtements et les gestes de ces étrangers, une telle volonté affichée de surprendre ou de faire peur, que l'honnête citoyen du Colorado, habitué à voir passer hommes des bois et aventuriers de tout poil, ne peut s'empêcher d'éprouver un sentiment de recul.

Comme les autres, le type en chapeau melon surveille les deux côtés de la rue, son visage levé vers les toits, puis tourne la tête à droite et à gauche en direction du trottoir sur lequel je me trouve. Je baisse les yeux brusquement afin de ne pas rencontrer son regard. Il m'a dépassé, je peux reconnaître la même inscription sur le dos de son blouson. Contre toute attente, le troisième motard ne vient pas ranger son engin auprès des deux autres. Il fait demi-tour, accélère légèrement son allure, et traverse la bourgade pour aller côté sud se garer au pied de l'autre bar. Il y rentrera de la même démarche paresseuse, le rebord du chapeau melon se détachant de façon incongrue dans l'encadrement de la porte à battants. Le silence retombe sur Norwood. Intrigué par l'apparition de ce trio et la présence des engins déposés le long des trottoirs à chaque bout de la ville, avec leurs aciers rutilants, leurs peaux et leurs gris-gris attachés aux guidons, je m'approche des deux bécanes parquées côté nord. Sur les plaques d'immatriculation jaunes à lettres et chiffres peints en bleu, je peux lire le sigle CAL, diminutif de Californie. Les cavaliers sont donc venus d'aussi loin, d'au-delà des montagnes ?

Philippe Labro, *Un été dans l'Ouest*.

variation 4

Leurs motos étaient les seules à fournir aux
junkies de la bécane cette claque qui vous shoote
les reins dès qu'on ouvre les gaz. Dans le jargon
des motards, ça s'appelait le coup de pied au cul
et grimper sur une moto incapable de vous botter
sérieusement le cul était à peu près aussi exci-
tant que de mâchonner un buvard

Patrick Raynal, *Le Poulpe, Arrêtez le carrelage.*

BLUE KNIGHTS
MILWAUKEE
YMFD

SWISS VALLEY CHAPTER
MONROE WI
MOTOR
CYCLES

STURGIS
2000

SCHOCH
MOTOR
HARLEY-DAVIDSON

varia
tion

Phone
BUD LIGHT
DAVIDSON

MAIN ST
CLUBS
WIN
BIKE WEEK T'S
$ 6.99 ea 3 for $18

IF YOU CAN
THIS
THE
BASTARD
BIKEWEEK '99

TRUE BIKERS

On peut appeler ça une personnalité. Chaque machine a la sienne, qu'on définit comme la somme de tout ce qu'on sait et de tout ce qu'on éprouve pour elle. Cette personnalité change sans cesse, en général elle empire — mais quelquefois, chose étonnante, elle s'améliore. C'est en cela que chaque moto est vraiment une personne — et l'objet véritable de l'entretien d'une motocyclette, c'est la santé de la personne en question.

Robert M. Pirsig, *Traité du zen et de l'entretien des motocyclettes.*

variation 6

Au début, les motos neuves sont des inconnues, de belle apparence. Selon la façon dont on les traite, elles dégénèrent rapidement en mégères acariâtres, ou en pauvres infirmes. Ou alors elles deviennent de véritables amies, pleines de santé et de bonne humeur.

BODY GLOVE
WORLD CLASS

Lisa's Gifts
PIZZA
Da
BRONX
TALE

ATM

Ralph "Sonny" Barger, *Hell's Angel.*

variation 7

Quand vous achetiez une nouvelle moto, elle arrivait avec des équipements standard. On commençait par enlever le pare-brise, puis on virait les sacoches et on remplaçait l'horrible gros siège (à ressorts) par un autre plus petit et plus étroit. On n'avait pas besoin non plus de tous ces feux. On transformait l'énorme phare avant en une lampe plus petite, on remplaçait le guidon droit par une paire de tubes haut perchés, et le gros réservoir d'essence par un petit réservoir en forme de larme. Nous nous sommes servis de vieux réservoirs de motos Mustang jusqu'au milieu des années cinquante, après quoi nous sommes passés aux réservoirs étroits du Sportster. On a changé les réservoirs pour une affaire de look, car le modèle de série de chez Harley, épais et large, recouvrait le dessus du moteur. Le design de la bécane a pris une allure radicalement aérodynamique, avec les courbes de son corps étroit et lisse. Elle avait l'air encore plus cool avec

une fourche à rallonge, et une roue avant plus mince. Et puis vous pouviez admirer le moteur, un plus pour une machine urbaine. Ensuite, on virait le garde-boue avant, on coupait celui de l'arrière ou en faisait un encore plus mince à partir du protège-roue de secours d'une Ford 1936. Cela faisait un joli garde-boue pour une Harley équipée d'un pneu de 16 pouces, et c'était pratique aussi. La couleur standard du cadre Harley était généralement noire. Le réservoir d'essence et les garde-boue devaient être d'une autre couleur. Quand on s'est mis à monter nos propres bécanes, on a fait le cadre de la même couleur que le réservoir, et on a moulé le tout de manière qu'on ne voie aucune trace de soudure. On chromait toutes les pièces qu'on pouvait et on installait des carburateurs double corps. Le résultat de tout cet habillage, c'est que nous gagnions pas mal de trophées lors des concours.

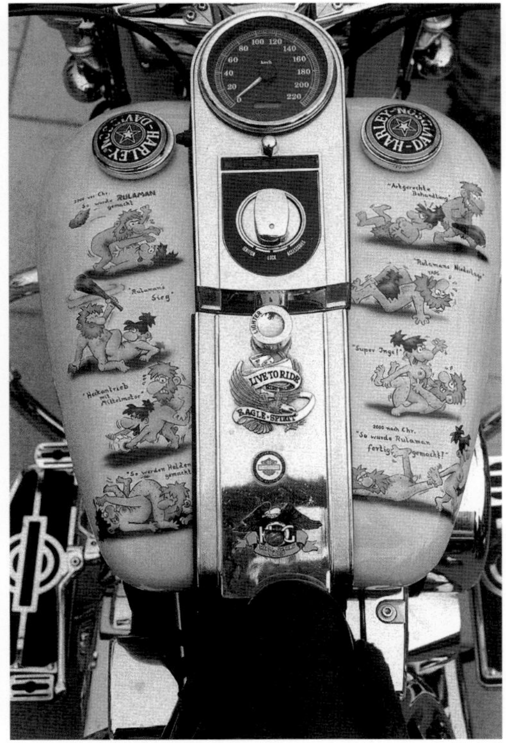

BIKE WEEK

DRAG

Il portait des culottes, des bottes de moto
Un blouson de cuir noir avec un aigle sur le dos
Sa moto qui partait comme un boulet de canon
Semait la terreur dans toute la région.

Jamais il ne se coiffait, jamais il ne se lavait
Les ongles pleins de cambouis mais sur les biceps il avait
Un tatouage avec un cœur bleu sur la peau blême
Et juste à l'intérieur, on lisait : « Maman je t'aime »
Il avait une petite amie du nom de Marie-Lou
On la prenait en pitié, une enfant de son âge
Car tout le monde savait bien qu'il aimait entre tout
Sa chienne de moto bien davantage...

Marie-Lou la pauvre fille l'implora, le supplia
dit : « Ne pars pas ce soir, je vais pleurer si tu t'en vas... »
Mais les mots furent perdus, ses larmes pareillement
Dans le bruit de la machine et du tuyau d'échappement
il bondit comme un diable avec des flammes dans les yeux
Au passage à niveau, ce fut comme un éclair de feu
Contre une locomotive qui filait vers le midi
Et quand on débarrassa les débris...

On trouva sa culotte, ses bottes de moto
Son blouson de cuir noir avec un aigle sur le dos
Mais plus rien de la moto et plus rien de ce démon
Qui semait la terreur dans toute la région.

Jean Dréjac, « L'homme à la moto ».

varia-tion 9

GOLD & GIFTS
GENUINE DRAFT
HOT DOGS TO GO
BEER and SODA TO GO
GENUINE
OPEN
BUD LIGHT
Budweiser
CLASSIC AMERICAN LAGER

Rouja Lazarova, *Frein*.

De mon côté, je draguais de plus en plus les motos.

Je m'éprenais d'une avec ferveur, j'en abandonnais une autre avec culpabilité, je retrouvais une ex pour une aventure passagère, je précipitais les ruptures, je troquais les modèles (européennes, asiatiques, indiennes) avec tristesse et excitation, multipliant mes infidélités secrètes.

Et lorsque j'ai commencé à me persuader d'être condamnée à vie à la polygamie en matière de moto, avec mes sens irrémédiablement blasés, un beau jour de printemps, je l'ai vue, la W650 dressée sur sa béquille comme un fauve gracieux prêt à bondir. Je me suis arrêtée, je l'ai contemplée, j'ai senti la passion grossir en moi, monter, mûrir, puis exploser en écume et éclats, et abreuver mes sentiments flétris.

Je l'ai prise dans mes bras, je l'ai caressée, j'ai couvert de baisers légers son corps frémissant ; je lui ai parlé, en bégayant au début, puis mon amour a trouvé peu à peu ses mots. Je l'ai lavée d'une éponge imbibée de baumes mousseux, jusqu'au pli le plus reculé, jusqu'à l'aisselle la mieux cachée, puis je l'ai rincée à l'eau de fleur d'oranger, je l'ai séchée avec des serviettes moelleuses.

J'ai serré mon blouson, je l'ai allumée – elle a répondu par un bruit rugueux, prétendument apathique –, je l'ai enfourchée, j'ai démarré lentement pour la mettre à l'aise et j'ai senti une première émotion parcourir le moteur. Elle a commencé à réagir avec plus de vivacité, à me provoquer, à me communiquer son excitation, et nous nous sommes envolées vers notre première virée.

varia-
tion 11

SECURITY

Direct your eye right inward, and you'll find

A thousand regions in your mind

Henry David Thoreau, *Walden ou la vie dans les*

Yet undiscovered. Travel them, and be

Expert in home-cosmography.

A thousand regions in your mind

Travel them

aria-
on12

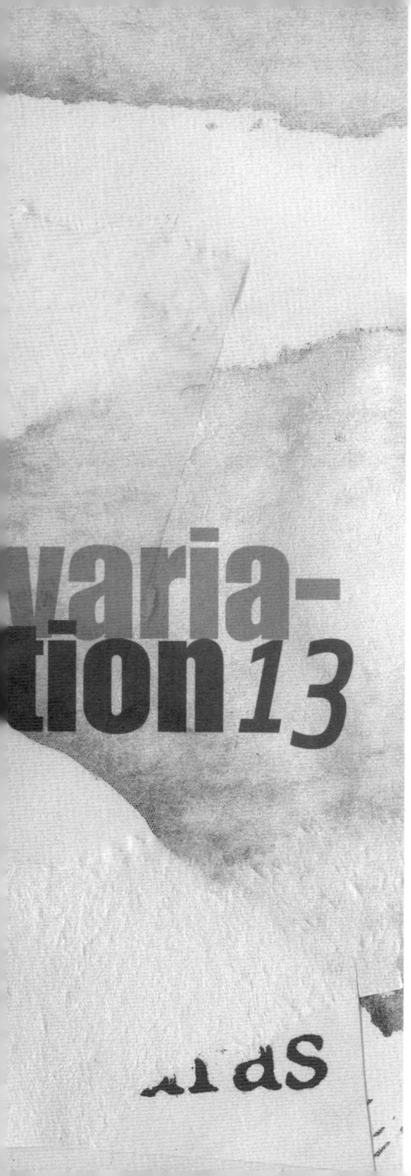

Le B’ septembre 2003.

Tonton Gaby septembre 2004.

Bruno Selle septembre 2004.

Laurence et Claude Loyer mars 2003.

Sandrine et Walter Grün septembre 2004.

Pépé juin 2004.

Jacky Moustache mars 2005.

Boy octobre 2004.

Zorro septembre 2004.

Olivier Collion novembre 2004.

Gibe février 2004.

Jean-Luc Meynier novembre 2003.

Sanfrein et Paspa avril 2005.

SERVICE
3134

Coyote novembre 2003.

p. 70 Frédéric Bagur, dit Le B' septembre 2003.
39 ans, photo-journaliste pour *Wild motorcycles.* « Je vis par l'Harley et pour l'Harley car c'est mon métier. Je parcours le monde pour shooter la moto qui tue ; quand je rentre à la maison pour un jour de repos, c'est sur ma propre moto que je bosse... Totale addiction. »

p. 71 Gabriel Dujardin, dit Tonton Gaby septembre 2004.
50 ans, rédacteur en chef de *Wild motorcycles.* Vivre pour rouler sur sa moto.

p. 72 Bruno Selle septembre 2004.
42 ans, représentant français de *Motorcycle Storehouse* et ancien aviateur. Sa devise : Sex, drug and rock'n roll, mais la vie est trop courte, je n'aurai pas le temps de tout faire !

p. 73 Claude Loyer.
48 ans, conducteur de bus.
Laurence Loyer mars 2003.
Ils vivent ensemble leur passion des Harley et Claude est président du HDC South Riders Provence.

p. 73 Walter Grün.
54 ans, coursier.
Sandrine Grün septembre 2004.
Toute la famille roule en Harley et Walter est président de HDC Les Morfals et président des HDC de France.

p. 74 Robert Montay, dit Pépé juin 2004.
70 ans, retraité. Il est le créateur du premier HDC de France en 1969 (à Cannes), qu'il préside depuis.

p. 75 Jacky Héry, dit Jacky Moustache mars 2005.
62 ans, bistrotier. Il est président de HDC Paca et a organisé avec Pépé de grandes manifestations de bikers sur la Côte d'Azur et en Alsace.

p. 76 Boris Vezolles, dit Boy octobre 2004.
33 ans, commerçant. « Rouler avec mon chopper, c'est mon prozac ».

p. 76 Pascal Malecki, dit Zorro septembre 2004.
36 ans, chauffeur routier. « La route y a que ça de vrai. La vraie vie c'est les potes, des qui ne vous laissent pas sur la route quand vous êtes en rade ».

p. 77 Olivier Collion novembre 2004.
40 ans, avocat. « On n'est pas obligé d'être déguisé en Johnny, d'être barbu et tatoué, de boire de la bière dans des bottes allemandes pour rouler en HD. Carpe diem. »

p. 78 Gilbert Racca, dit Gibe février 2004.
50 ans, chauffeur. Sa moto est un symbole de paix, d'amour et de liberté ; elle est devenue le reflet de son âme et le support de ses messages. « Une amitié entre motards ne s'écrit pas, elle se porte ».

p. 79 Jean-Luc Meynier novembre 2003.
48 ans. « Pour moi, la passion passe d'abord par la conception et la réalisation d'une moto ».

pp. 80-81 François Bruère, dit Sanfrein.
43 ans, artiste peintre et sculpteur.
Pascal Bruère, dit Paspa avril 2005.
49 ans, inventeur. « Chaque printemps voit naître une nouvelle création, une pièce unique, reflet de nos passions et de nos personnalités ».

p. 82 Coyote novembre 2003.
44 ans, dessinateur dans *Fluide Glacial* et auteur de BD comme *Litteul Kévin*, *Mammouth et Piston.*

Solidement installée sur la selle et sur les repose-pieds, liée par ses bras comme par une chaîne au pilote, elle ne risquait en aucune façon de tomber, mais la **vibration du moteur** résonnait en tout son corps comme si elle n'avait été qu'un organe de la moto rouge. Elle sentait le rythme des **explosions au centre de son ventre** comme sous la calotte de son crâne, et depuis qu'elle avait fermé les yeux elle retrouvait l'impression naguère et douloureusement éprouvée chez le dentiste d'être sans rémission **soumise** à une **machine taraudante et stridente**

André Pieyre de Mandiargues, *La Motocyclette*.

variation 14

La moto roulait si vite qu'elle donnait l'impression de pouvoir décoller à tout moment. Les cheveux de Jane flottaient à l'horizontale dans son dos comme des flammes dorées. Elle tourna la poignée d'accélérateur à fond. Dans l'œil entrouvert du matin, le pot d'échappement chauffé à blanc était bleu vif et orange. Jane plissa les yeux jusqu'à ce qu'ils se réduisent à deux fentes et regarda droit devant elle, défiant le vent qui lui fouettait le visage.

Michael Cimino, *Big Jane*.

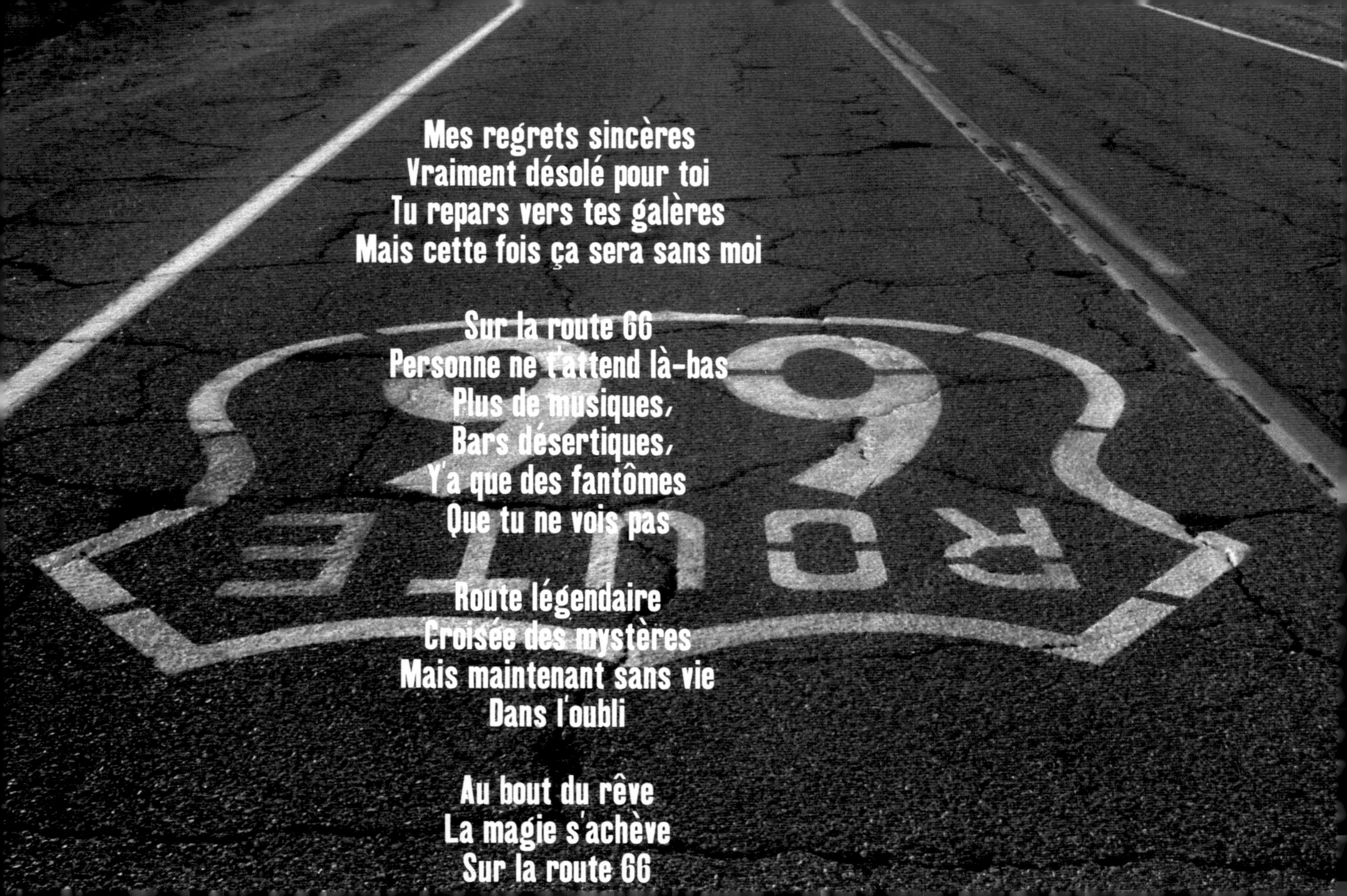

Mes regrets sincères
Vraiment désolé pour toi
Tu repars vers tes galères
Mais cette fois ça sera sans moi

Sur la route 66
Personne ne t'attend là-bas
Plus de musiques,
Bars désertiques,
Y'a que des fantômes
Que tu ne vois pas

Route légendaire
Croisée des mystères
Mais maintenant sans vie
Dans l'oubli

Au bout du rêve
La magie s'achève
Sur la route 66

Sur la route 66
Quand le blues y était roi
Vagabonds, chanteurs, guitaristes
Étaient hors du temps Hors la loi
Beaux métissés, friqués ou pommés
Synonyme liberté, liberté,
Fin des chimères,
Le passé se perd
Sur la route 66

Elle traversait d'est en ouest tout le pays
Des neiges du Nord au soleil de Californie

Sur la route 66
Personne ne t'attend là-bas
Plus de musiques,
Bars désertiques,
Y'a que des fantômes
Que tu ne vois pas

C. Moine, P. Papadiamandis, « Route 66 ».

— Y'a que des fantômes que tu ne vois pas

CITY of
TUCUMCAR
Welcomes You
WED. NOON
AT K-BOB'S
FRATERNAL
ROTARY
INTERNATIONAL
THURS. NOON
HOLIDAY INN
LIONS
INTERNATIONAL
DEAN'S
1st & 3rd WED. NOON
ALTRUSA
PATRIOTISM
EFFICIENCY SERVICE
INTERNATIONAL, INC.
Woodmen
WOODMEN OF THE WORLD
LIFE INSURANCE SOCIETY
LULAC
RODEO
NEW MEXICO
LAND OF ENCHANTMENT
JUNE
27-28
66
Celebration
JULY

Mes regrets sincères

variation 16

My dreams are made
of iron and steel
With a big bouquet
Of roses hanging down
From the heavens
to the ground

Bob Dylan, « Never say Goodbye ».

Vraiment désolé pou
Tu repars vers tes ga
Mais cette fois ça ser

Fin des chimères
Le passé se perd

Sur la **route 66**
Personne ne t'atten

Plus de musiques,

Plus de musiques,

loi

ommes

oi

res d'est en ouest

ières,

ans moi

lifornie

s

à-bas

fantômes

Mother Road
HARLEY-DAVIDSON
KINGMAN ARIZONA

varia-
tion 17

Ils avaient atteint un vieux tracé de la 66 qui était aussi, étroite et sinueuse, la Mississippi 96 et poursuivaient dans des ombres de villes : Albatros, Phelps, Rescue, Log City, Stone City, longeaient – spectacle qui commençait à manquer de nouveauté à leurs yeux – des maisons en ruine aux portes défoncées, aux toits troués, aux fenêtres éborgnées, aux châssis déchiquetés.

Puis, sans transition, ils abordèrent un paysage pétillant dans la lumière, avec des collines qui surgissaient, s'épanouissaient, s'évanouissaient, rebondissaient, se rapetissaient, se gonflaient et disparaissaient pour renaître, au gré des montées et des descentes.
[...] Ils allaient de l'autoroute à la highway, de la voie neuve à la vieille, de la large à l'étroite – et l'inverse – à la poursuite d'une 66 vive et capricieuse comme le furet de la comptine.

Yves Berger, *Santa Fé*.

Gonna walk down that dirt road 'Til someone will let me ride

Gonna walk down that dirt road

Gonna walk down that dirt road
'Til someone will let me ride
If I can't find my baby I'm gonna
run away and hide

run away and hide

I been pacing around the room hoping maybe she'd come back

Pacing 'round the room, hoping maybe she'd come back

Well, I been praying for salvation laying 'round in a one-room country shack onna walk down that dirt road, until my eyes begin to bleed

Gonna walk down that dirt road, until my eyes begin to bleed

'Til there's nothing left to see

'Til the chains have been shattered and I been freed

I been lookin' at my shadow, I been watching the colors up above
Looking at my shadow, watching the colors up above
Rolling through the rain and hail looking for the sunny side of love

Gon' walk on down that dirt road 'til I'm right beside the sun
Gon' walk on down until I'm right beside the sun
I'm gonna have to put up a barrier to keep myself away from everyone

Bob Dylan, « Dirt Road Blues ».

Je suis aujourd'hui sur cette route toute droite. J'ai monté une par une toutes les vitesses, file de gauche. C'est rapide et ça bouge. La bécane commence à louvoyer, je connais son défaut quand je roule un peu vite. Au-delà d'une certaine vitesse, cette moto se tord doucement. Le mouvement est lent et régulier, il te berce et c'est presque agréable. Ça t'échappe un peu, c'est tout ; ça te ramène un peu à l'humilité, un peu au respect. De l'air et une masse en conflit, tu n'as rien à voir dans leur bataille. La moto te rappelle de prendre garde – colle tes genoux –, ne pas en rajouter. Éviter que l'oscillation ne s'amplifie. Éviter le point de rupture éventuel, le moment où la machine deviendrait incontrôlable et folle, se lancerait dans une danse que tu ne récupérerais pas. Et te lancerait, toi, pantin ridicule. La moto peut toujours t'échapper, tu le sais, tu n'en rajoutes pas. La moto louvoie et c'est sa force à elle, sa décision irréfutable. Tu n'es pas grand-chose, rien, ni si solide ni si fort : tu n'en rajoutes pas, tu calmes le jeu.

Mylène Couton, *Noir métal*.

À 100 milles à l'heure, le pavé n'est plus qu'une masse grise et indistincte, défilant sous vos semelles, synonyme d'une mort instantanée. « Y'a pus rien qui existe, sauf toé qui file sur un tonnerre d'acier de 500 livres. Et à 100 milles à l'heure, toé pis ton tonnerre, vous pesez même pas 10 livres. Tu frappes une brique, pis tu déboules pendant deux jours. Tu viens d'entrer dans une zone de mort instantanée. La moindre hésitation peut être fatale, tu tiens ton sort entr' tes mains ! Laisse-moé t'dire que c'est mieux que l'sexe, la drogue, ou tout c'que tu voudras. »

Wild Bill Henderson, membre des Hell's Angels, cité par Daniel R. Wolf, *Les « Rebels »*.

Puis il revint à ses machines.

Cesare Pavese, *La trilogie des machines*.

Désormais, il les connaissait et les aimait tant, qu'elles et lui ne formaient plus qu'un seul corps. Lorsque, vissé sur le siège grossier, derrière l'axe du volant, il se laissait emporter par l'une d'elles, il avait l'impression de sentir l'essence lui couler dans les veines, et les halètements du moteur étaient comme les battements de son pouls. Sous ses yeux, le tableau des commandes encore rebelles et l'aiguille de l'indicateur de vitesse, oscillant nerveusement sans cesse, lui étaient comme un cœur et une oreille vivants, sensibles au moindre changement.
Il ne cessait d'essayer des moteurs, machinalement.

Il ne cessait d'essayer des moteurs, machinalement.

POW ★ MIA

Doogie Sassman était un fan de Harley-Davidson, tatoué dans les trois dimensions, accusant un poids de cent cinquante kilos, la tête ornée d'une crinière blonde et d'une longue barbe soyeuse. Malgré un cou large comme une bitte d'amarrage et un ventre où toute une colonie de goélands aurait pu prospérer, il avait l'allure d'un gros bébé joufflu et faisait tomber en pâmoison les plus belles filles de la côte, entre San Francisco et San Diego

Dean Koontz,
Jusqu'au bout de la nuit.

DAVIDS

BEEF
JERKY

varia-tion 19

– Ce sont des motards, ces types ?
– Sûr. Tu verrais leurs Harley, j'en bave...
– Ils sont affiliés à une bande ?
– Je leur pose pas toutes ces questions, tante T. Si tu veux savoir s'ils portent des couleurs, la réponse est non. Est-ce qu'ils traînent avec des mecs qui en portent ? Ouais, il y a des chances [...].
– Les motards des gangs se fichent éperdument que tu les regardes avec des yeux de merlan frit ou que tu postules pour devenir membre. Si jamais tu les gênes un tant soit peu, ils te boufferont tout cru et te recracheront dans l'autre monde comme un pépin de raisin. Et moi, je n'ai pas envie que ça t'arrive.
– J'ai vraiment l'air si con ?
– Tu as l'air d'un gamin de dix-neuf ans qui débarque de Houston, qui est fasciné par les Harley et qui se fait une image romantique de *L'Équipée sauvage*.
– De quoi ?
– Le film de Laszlo Benedek.
Regard vide de Kit.
– Avec Marlon Brando.
– Ce nom-là, je l'ai déjà entendu.
– Laisse tomber.
– Je fais que m'amuser. Tâter un peu à la liberté.
– Comme un chien qui met la tête à la fenêtre d'une voiture, jusqu'au jour où il laisse sa cervelle sur un panneau indicateur.

– Ils ne sont pas aussi mauvais.
– Pas mauvais, eux ? Il leur manque une case sur le plan moral, tu veux dire !
– Ils disent des trucs pas bêtes. De toute façon, je sais ce que je fais.
– Justement pas. Ces dernières semaines, j'en ai appris sur les motards plus que j'aurais voulu en savoir. Et rien de bien, crois-moi. Oh, je suis certaine qu'ils couvrent leurs enfants de joujoux à Noël, mais ça ne les empêche pas d'être des truands qui méprisent les lois et n'hésitent pas à employer la violence.
– Qu'est-ce qu'ils ont donc de si affreux ?
– Ils sont inconscients, traîtres et ils s'attaquent aux faibles !
– Qu'est-ce qu'ils font ? Ils extirpent les bébés du ventre de leur mère avec des cintres ? Ils violent les bonnes sœurs ? Ils descendent les petits vieux dans les fast-foods ?
– Pour commencer, ils font commerce de drogue !
– On peut en dire autant de tous les laboratoires pharmaceutiques.

Kathy Reichs, *Mortelles décisions*.

MOTOR
HARLEY-DAVIDSON
CYCLES

My Photo With a Young W
who has a tattoo on her tum
dear wife of years sees with knowledge
a different kind home for my cy women ar
not objects really a like this,
away from me as I near my birthday of years
anyway with my dear lady on the pillion
that photograph especiall here is
ready & she hangs on.
HOLE SHOT
MONEY SHOT

My Photo With a Young Woman

who has a dragon tattoo on her tummy, is something my dear wife of eighteen years sees with the knowledge it is a different kind of chrome for my cycle & that women are not objects really a picture like this, man, cannot be taken away from me as I near my birthday of forty-two years & anyway with my dear lady on the pillion pad I cannot find that photograph especially when there is a swell in the road & she hangs on.

Martin Jack Rosenblum, *The Holy Ranger, Harley-Davidson Poems.*

STURGIS

TATTOO
FRENCH FRIES

Sweet Cocaine. Je n'arrivais pas à croire que quelqu'un ait pu voler ma superbe bécane, montée à la main. *Sweet Cocaine* figurait sur la couverture de l'album de la bande originale de *Hell's Angels 69*. Je l'avais construite de bout en bout. Pas un écrou n'avait été tourné sur cette bécane sans un doux sniff de cocaïne. Lorsque j'en ai fini avec cette bécane, j'ai réalisé une version Sportster en miniature du même modèle pour ma copine Sharon. J'appelais la sienne *Little Cocaine*.

J'étais à Hayward, chez un bijoutier, en train d'acheter une bague pour ma sœur, quand j'ai entendu les deux femmes qui bossaient dans le magasin s'adresser l'une à l'autre.

« Il doit être en voiture, parce que je n'aperçois pas sa moto ».

« Vous parlez de moi, leur ai-je demandé. Ma bécane est juste là dehors ».

Je suis sorti, et, comme de juste, *Sweet Cocaine* s'était envolée. Les deux femmes ont appelé les flics. Mais, quand ils sont arrivés, je leur ai dit que j'étais venu à pied. Il devait y avoir erreur. Au fond de moi, j'avais les tripes en feu, mais, à l'extérieur, je ne voulais surtout pas que les flics se mêlent de la rechercher. Je suis resté calme. Je suis allé téléphoner et j'ai sollicité une réunion d'urgence avec le club.

« Tout le monde doit se mettre à chercher ma bécane, je leur ai annoncé, enragé. Personne, je dis bien personne, ne pilote de moto dans cette ville tant que je n'ai pas récupéré *Sweet Cocaine*. »

Sharon s'est occupée des coups de fil à la maison tandis que tous les autres fouillaient le secteur. Les premiers appels sont arrivés. Quelqu'un disait avoir vu une Cadillac rose près du bijoutier. Je suis allé de bar en bar, passant les gens sur le gril, posant des questions sur la bécane, la Cadillac, n'importe quoi. Je voulais que la foutue machine revienne, *maintenant*. Entre-temps, tous les voleurs notoires de bécanes étaient en train d'appeler. Rick Motley, l'un des plus connus d'entre eux – il est mort maintenant –, a téléphoné pour dire à Sharon qu'il aurait préféré avoir l'armée, la Navy, les Marines et les Bérets verts à ses basques, plutôt que Sonny Barger et les Hell's Angels lancés sur les traces de *Sweet Cocaine*.

Et puis on a trouvé une piste vitale. La Cadillac, c'était une impasse. Un livreur, à l'extérieur du magasin, avait vu un type se sauver sur une bécane. Son gilet portait seulement le bandeau inférieur. À partir d'une description sommaire du type et du nom inscrit sur sa pièce d'étoffe, on a rapidement resserré la recherche sur un club appelé les Unknowns (les Inconnus). On savait quel bar ils fréquentaient. On s'y est précipité pour attraper deux d'entre eux et leur demander ce que pouvaient bien faire leurs prospects. Les prospects (novices) sont de futurs membres. Ils vont faire n'importe quoi, n'importe quand, à n'importe qui, simplement pour être admis dans le club. Je leur ai posé cette question sur leurs prospects, parce que c'étaient des enfoirés sans cervelle, sans histoire, et d'ordinaire sans avenir. Selon un des membres, ouais, deux prospects étaient en train de désosser une bécane qu'ils venaient juste d'embarquer. Je leur ai dit : « Cette bécane est la mienne, enculé, et tu vas m'aider à la récupérer ».

Les prospects qui avaient piqué la bécane ignoraient à qui elle appartenait. Les types qui leur avaient *dit* de la voler savaient probablement que c'était la mienne. J'avais placé la carte grise au dos de la plaque d'immatriculation, dans un tube de verre transparent. Cette nuit-là, les gars en train de la désosser avaient dû tout déboulonner pour les pièces. Mais, une fois arrivés au réceptacle de la carte grise, ils avaient dû se rendre compte qu'ils étaient dans la merde profond, vraiment profond. Alors, plutôt que de rendre *Sweet Cocaine*, ils sont allés la balancer dans l'estuaire d'Oakland.

On a rassemblé tous ceux que l'on croyait responsables. On les a attachés, et on les a amenés chez moi, sur Golf Links Road. Sharon était censée garder un œil sur eux. Mais c'était un bon point de les avoir entravés : il était tard, et Sharon tombait de sommeil en tenant son flingue. Toutes les demi-heures ou presque, la porte d'entrée s'ouvrait, et un nouveau complice était balancé dans le salon. Quand on a fini par trouver le dernier type, la punition a commencé. Un par un, nous les avons fouettés, puis frappés à coups de collier de chien clouté. On leur a brisé les doigts à l'aide de marteau à panne ronde. L'un d'eux nous hurlait après : « Pourquoi vous ne nous tuez pas plutôt, et qu'on en finisse ? »

Ensuite, on a pris leurs motos, on les a vendues, et on a dispersé leur club.

Morale de l'histoire : ne vous faites pas pincer en train de voler la bécane d'un Hell's Angel. Surtout si c'est celle du président.

Ralph "Sonny" Barger, *Hell's Angel*.

Early Spring
on a Harley-Davidson
with trees
against sky
& earth grass
dusted upon snow

aria-
ion*20*

here are hollow

usted cars along

the road as though

hungry deer in fields

Martin Jack Rosenblum, *The Holy Ranger, Harley-Davidson Poems*.

J'ai grandi dans les rues d'un quartier prolétarien, et j'ai vu mon meilleur ami – avec lequel je m'introduisais dans des édifices abandonnés quand nous étions enfants – aboutir en prison pour vol d'auto, puis se faire descendre au cours d'une tentative de vol à main armée. Craignant de partager son sort, je me suis mis à travailler treize heures par jour dans des abattoirs et des usines et j'ai pu payer mes études universitaires. Je me suis aussi acheté une moto anglaise. Ma Norton Commando est devenue un tapis magique, excitant et exaltant, sur lequel je m'envolais en compagnie de femmes filiformes, tout aussi avides que je l'étais de sensations fortes.

Mais ce n'était pas tout : ma moto véhiculait aussi ma fureur. Elle me servait non seulement à afficher mon mépris envers une classe sociale qui m'avait traité de haut et qui avait gardé mes parents à leur place, mais aussi à défier en quelque sorte les membres de cette classe privilégiée. Le système, me disais-je, ne m'avait fait aucune faveur, et je lui en devais encore moins. À l'époque, les motards hors-la-loi me semblaient refléter mon propre côté sombre. J'en faisais l'incarnation de ma rébellion et de mon ressentiment d'adolescent. Avec le recul, je crois que si j'ai pu envisager d'étudier les motards, et si je me suis retrouvé par la suite aux côtés des Rebels, c'est à cause de ce pan de mon passé parascolaire, c'est-à-dire le temps où j'apprenais à rouler et à battre le pavé.

Daniel R. Wolf, *Les « Rebels »*.

– Une Harley-Davidson, la passion de papa. Moi, j'ai une **Road King Classic**. Lui, une **Ultra Classic Electra Glide**. Des **Evo** toutes les deux. Mais sa préférée, c'est sa vieille **Knucklehead**. Une antiquité ! Ces bécanes-là, on les a construites uniquement entre 1936 et 1947.

– Qu'est-ce que c'est exactement ? Je m'y perds un peu dans tous ces termes.

– C'est juste des appellations d'après la forme du moteur. L'**Évolution V2** a été lancée au début des années quatre-vingt. Au départ, on appelait ça une **Blockhead**, mais le terme n'a jamais pris. Tout le monde dit **Evo**. Les motos qu'on voit aujourd'hui s'appellent des **Shovelheads**. Elles ont été fabriquées de 1966 à 1984. Avant, entre 1948 et 1965, il y avait les **Flatheads**, sorties pour la première fois de l'usine en 1929. C'est facile de reconnaître l'année de production. Il suffit de regarder la forme de la culasse.

Manifestement, la passion de mon neveu pour les deux-roues surpassait largement son intérêt pour les motards.

– En fait, toutes les Harley modernes descendent de la **Silent Grey Fellow**, la première moto à quitter le Milwaukee au tournant du siècle. Elle avait une puissance de trois chevaux pour un moteur de 400 centimètres cubes et, à l'époque, il ne fallait pas compter sur les poussoirs de soupape hydrauliques, les démarreurs électriques et autres moteurs à quatre cylindres en V ! a-t-il ajouté en secouant la tête d'un air admiratif. Le moteur actuel, le **Twin Cam**, a une cylindrée de 1 400 centimètres cubes. La vieille **FLH** de 1971, de 1 200 centimètres cubes, avait un taux de compression de 8,5 à 1. De nos jours, on arrive à des taux de 9,5 à 1. Ah, on en a fait du chemin depuis la **Silent Grey Fellow**, mais c'est quand même d'elle que descendent toutes les grosses américaines qui roulent aujourd'hui.

– Il y a d'autres fabricants de moto ? s'est enquis l'acteur.

– Forcément. Yamaha, Suzuki, Kawasaki, Honda, mais c'est juste des roues pour se déplacer ! a lâché Kit avec une moue de dédain.

Il y a bien les Anglais, qui ont sorti des bécanes pas mal, à un moment : les Norton, les Triumph, les BSA. Mais toutes ces boîtes ont fermé boutique. Les BMW allemandes ont de la gueule, c'est vrai, mais je n'en donnerais pas un peso. Pour moi, les Harley, c'est le top.

– Ça vaut cher ? a demandé Claude-Henri.

Kit a haussé les épaules.

– C'est de l'équipement de luxe. Harley ne cible pas les petits budgets.

Mon neveu manifestait pour ses motos la même révérence et le même savoir que Marie-Claire pour les meubles anciens. Qui sait ? Sa visite allait peut-être se révéler une bénédiction et m'aider à comprendre le monde étrange des motards dans lequel je m'apprêtais à entrer.

Kathy Reichs, Mortelles décisio

ria-
on 21

variation 22

SUBURBAN

MOUNT A REVOLUTION.
WELCOME BIKERS
EAGLE LEATHER
HYDE-OUT
CK WIDOW
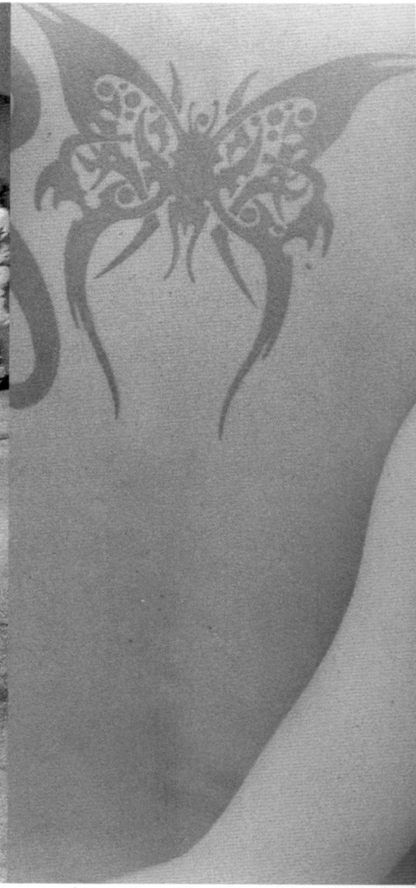

.99 ea 3 for $18
$ 6.99 ea 3 for $18
BAD IS FUN
TRAMP

UNLIMITED

COUNT
OUTLET
WEEK T-SHIRTS
CHAPS
$49.95
P

BOOT HILL SALOON
PIZZERIA
PIZZA
BOOT HILL SALOON
.COM
DAYTONA BEACH, FLORIDA
10th ANNIVERSARY
SALOON

STURGIS POLICE

BOOT HILL
SALOON

AIRBORNE

CHOPPERS
TATTOO
POTATOES

Betty Boop
New Jersey
3647M
04
MOTORCYCLE

HARLEY-DAVIDSON

BIKE WEEK T's
$9.99 EA. 3 FOR $25
Schedule
LOVES YOU

Golden Gate Foods
SAUSAGE
CHICKEN BREAST SANDWICH
GOLDEN GATE
KING CRAB

PORK CHOPS
FRESH PIZZA
FRENCH FRIES
BOOT HILL
SALOON

$30 00
WELCOME BIKERS
BIKER DESIGN
T-SHIRTS
CRIMSON CORD
FREE SPIRIT
IN JESUS
M/M

GOLD PAN PIZZA
PAN
JESUS CHRIST is LORD
MM
BROTHERHOOD
JESUS CHRIST is LORD
MM
BROTHERHOOD

MO
HARLEY-
CY

OR
AVIDSON
ES

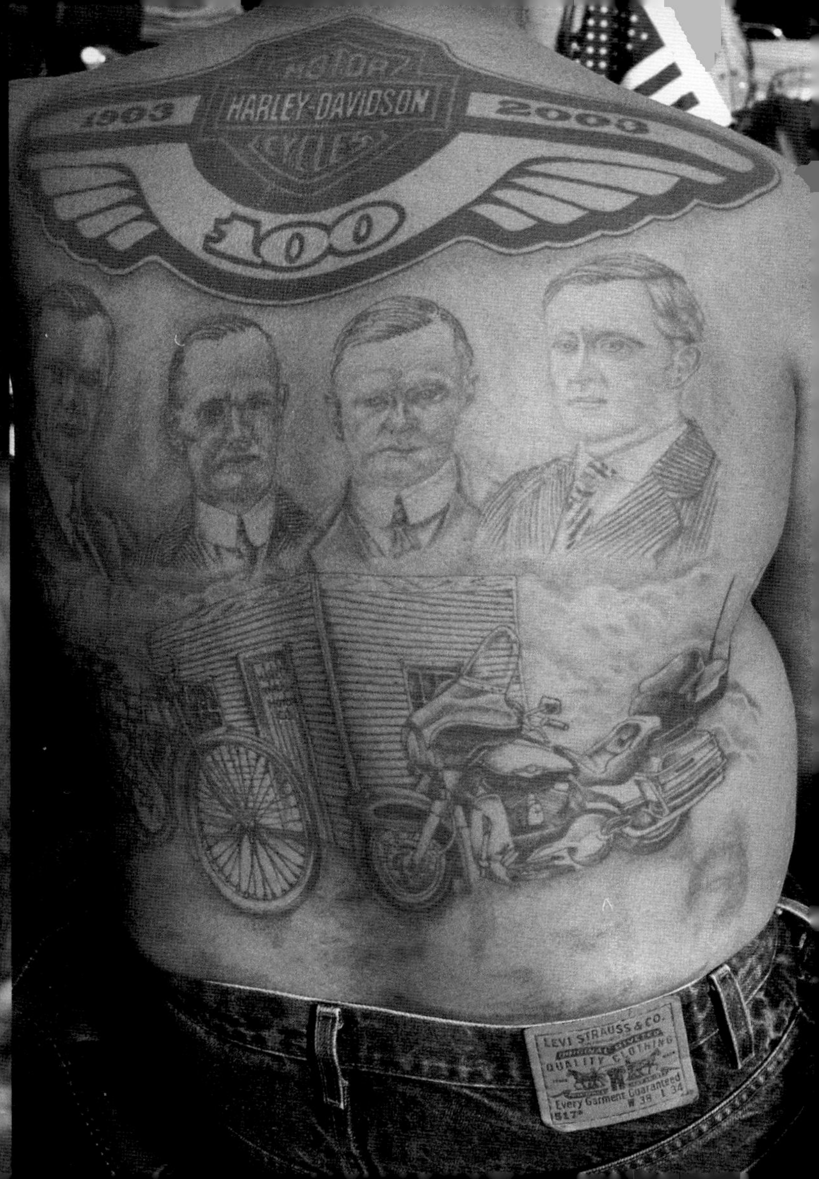
HARLEY-DAVIDSON
CYCLES
1903
2003
100
LEVI STRAUSS & CO.
QUALITY CLOTHING
Every Garment Guaranteed

J'avais l'air d'un vrai dur.
Je portais mes jeans Levi's avec un revers de deux centimètres, je fumais des Camels (au lieu des Lucky Strike, la marque de mon père). Je possédais l'attitude. Et je pilotais une moto. Mes amis et moi, on portait des T-shirts à col en V, avec le paquet de clopes roulé en haut de la manche. On achetait des bottes noires d'ingénieur (avec une boucle argentée) au magasin de chaussures Red Wing, à l'endroit même où les prolos d'Oakland achetaient leurs godasses de travail. Si vous aviez le blé, un blouson de cuir noir prenait tout son sens quand vous pilotiez des motos.

Ralph "Sonny" Barger, *Hell's Angel*.

HAMMERS TATTOO
and BODY PIERCING inc.
MASSILLON
OHIO

Nous rejoignons la moto et je lui donne la clef ; je lui indiquerai le chemin. Je m'encastre tout de suite, pas plaquée trop pour éviter que les casques ne choquent, pour ne pas lui bazarder dans le dos tout mon poids aux freinages. Plaquée quand même. L'intérieur des cuisses contre les siennes, le ventre contre ses reins, poitrine écrasée. Il glisse la moto au milieu des véhicules, la circulation est trop dense pour qu'il puisse rouler aussi vite qu'il voudrait. Aussi vite que je voudrais.   Je pose les deux mains sur ses cuisses, à plat d'abord, à peine appuyées. Appuyées. Je perçois le mouvement de ses muscles quand il actionne le sélecteur de vitesses ou le frein ; je perçois dans mes paumes sa chaleur qui commence à passer au travers du pantalon et des gants. La chaleur pénètre et monte, la chaleur irradie. Il s'abandonne un peu, il attend, lui aux commandes et moi qui divague. Il y a quelque chose qui s'ouvre au fond de mon corps, caverne d'attente et de désir. Ça fait mal, ça vrille l'estomac, le bas du ventre. Ça fait fanfare et dissonances dans la tête. C'est de l'orage et du soleil en même temps.   Les courbes des échangeurs nous rapprochent un peu plus : s'unir à son mouvement, à celui de la moto, un seul bloc, compact. Après, sur la rocade, je commence à caresser ses cuisses doucement. Lentement. Je caresse ses cuisses : mes mains se déplacent, suivent la longueur de ses muscles. J'en pose une sur sa poitrine, m'y maintiens. L'autre remonte encore. Lentement. Elle se glisse vers la face intérieure, entre la cuisse et le réservoir. Il écarte un peu sa jambe, se décale un peu. Le mouvement fait dévier brusquement la moto. Il ralentit. Je suspends un instant le geste. Puis ma main recommence, continue le parcours, va plus haut. Elle se pose sur le sexe que je sens durci sous la fermeture du pantalon. Je laisse ma main posée là, un moment, puis reprends la caresse encore. L'épaisseur du gant gêne, amoindrit la perception, en même temps qu'elle attise le désir. J'ai laissé ma tête reposer contre la sienne, casque contre casque. Tant pis si les casques cognent.   Il ne mène plus la moto que d'une seule main, la maintient dans un rythme lent ; de l'autre, il a saisi ma cuisse, ses doigts agrippent. Il s'est redressé, corps reculé autant que possible contre le mien. Il roule lentement, malgré l'impatience, malgré ce qui grandit de fièvre et de demande. Il laisse faire, me laisse préparer le voyage et l'y entraîner tout entier.   La moto dessous accompagne. La moto se fait calme, presque languide. Elle participe. Autour il n'y a rien. Juste de l'air qui siffle un peu.

Mylène Couton, *Noir métal*.

FULL THROTTLE
Saloon

MAN
RUIN

Harley Davidson

SORIES
-2281
INK
Quality
Genuine
SAE 20W5

GERMANY
2,108 MILES

MI CASA
ES TU CASA
SP BK 10
NO SMOKING
ROUTE 66
HISTORIC
ROUTE
66
mike's hard lemonade
ORIGINAL
Coors
ARIZONA
US
66
Lite
HEINEKEN'S
Yo!
That's
Baby!
BECK'S
America's Favorite
German Beer
NO HUNTING
THOU SHALT NOT PARK HERE
WELCOME
GOOD SAM CLUB
RESTROOMS

Chick's
MOTOR
HARLEY-DAVIDSON
Buell
★ largest selection of
leathers in New Mexico
★ over 35,000 parts in
★ over 50 used and
bikes available for
5000 Alameda NE
Albuquerque, New

Harley
idson
BARTELS
9

J'aime la défonc

parapente, parachute, saut en élastique, tout ça. Mais le meilleur rapport prix/défonce, c'est la moto.
Accessible du point de vue budget et espace : le parapente à Paris, disons, c'est pas pratique. Par contre,
tu descends de chez toi, tu mets la clef dans le contact de ta moto, et tu commences à t'amuser. Le plaisir
à portée de main. En voiture, on a tendance à regarder à côté de la route.
Ah, c'est joli.
En moto, tu ne le fais pas.
Tu regardes devant.
En moto, il suffit de n'importe quoi,
d'une roue de secours sur la route, d'une flaque d'huile...

Rouja Lazarova, *Frein*.

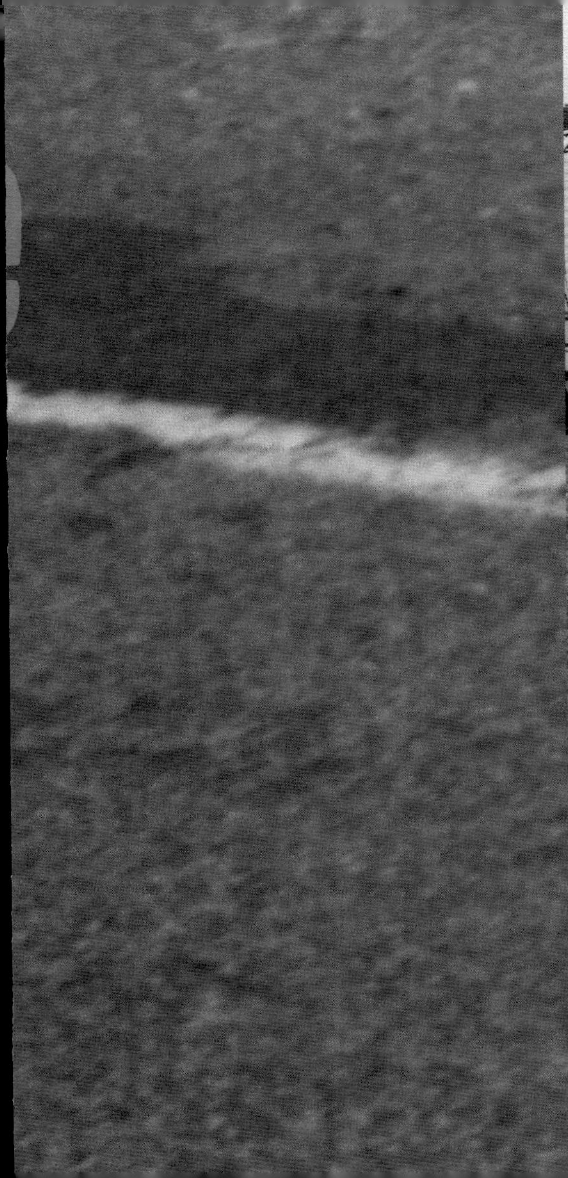

YELLOWSTONE
67 J
ENFIELD
67 J

variation 25

Charlie Lecach juillet 2003.

Coraline Giordano et Manu Lautier octobre 2003.

Thierry Bos septembre 2004.

Dédé Corsica août 2003.

Pat août 2003.

Jean-Paul Muzzarelli août 2003.

Frédéric Tomayan octobre 2003.

Jo novembre 2004.

Corinne Fusi août 2003.

Paulo septembre 2004.

Jean-Claude Passetemps juillet 2003.

p. 161 **Charlie Lecach** juillet 2003.
38 ans, journaliste à *Freeway Magazine* et *Kustom*, historien de la moto américaine et de la course US. Il est ami avec les plus grands pilotes Harley américains des années 30 à 70.

p. 162 **Coraline Giordano.**
43 ans, décoratrice.
Manu Lautier octobre 2003.
41 ans, chef d'atelier. « Le plaisir de transformer et modifier des Harley » pour Manu et « sentir ses vibrations dans le creux de mes reins » pour Coraline.

p. 163 **Thierry Bos** septembre 2004.
40 ans, préparateur Harley et pilote dragster. Il a créé l'atelier *Time Killer* pour préparer son drag avec son team pour le championnat d'Europe Euro Série Super Twin Top Gas.

p. 164 **André Épinat, dit Dédé Corsica** août 2003.
50 ans, retraité de la gendarmerie. Il profite de sa retraite pour faire de la mécanique et transformer son Fat Boy ; pour ce qui est des balades, pas besoin de le prier.

p. 164 **Patrick Julliand, dit Pat** août 2003.
37 ans, tatoueur. Sa passion pour les HD est née dans le rock'n roll et se vit à fond !

p. 165 **Jean-Paul Muzzarelli** août 2003.
48 ans, préparateur Harley. Il crée des motos et des trikes futuristes « style Mad Max ».

p. 166 **Frédéric Tomayan** octobre 2003.
31 ans, gérant de *Asgard Nordic Spirit*. Il représente la plupart des manufacturiers suédois dans le domaine chopper en France, « suite logique à mes passions que sont le chopper et l'histoire des Vikings ».

p. 167 **José Fusi, dit Jo** novembre 2004.
48 ans, retraité mineur. Il conçoit et réalise de A à Z ses motos et vit sa passion avec sa femme.

p. 167 **Corinne Fusi** août 2003.
44 ans. Sa passion est de rouler lors des concentrations « sur des bécanes conçues entièrement par son mari José ».

p. 168 **Raymond Herbrand, dit Paulo** septembre 2004.
44 ans, mécanicien. Il a démarré depuis fin 2004 l'aventure *Gorilla Motors France* ; « derrière, des années de passions et de rock'n roll ».

p. 169 **Jean-Claude Passetemps** juillet 2003.
36 ans, chopperiste au *School Bar Atelier*. Spécialiste de la pièce d'occasion Harley et organisateur du Swap meet Harley de Mécrin. « Tendance chopper et ancienne mécanique ».

p. 171 **Ghislaine Noël, dite Boucan** septembre 2003.
Après un accident et des années de galère dans les hôpitaux, elle a eu pour objectif de pouvoir, un jour, refaire de la moto. La solution : un trike Harley. « Avec lui, j'ai retrouvé une sensation de vie, il est mon oxygène ».

Boucan septembre 2003.

variation 26

Intriguée, je l'ai laissé m'ouvrir le chemin. Ayant pris place dans le fauteuil en face de moi, il a sorti une photo de sa poche intérieure et l'a posée sur mon sous-main. Copie conforme des portraits de groupe de motards de la collection de Kit, mais plus récentes et de meilleure qualité. Au centre de l'image, mon Kit ! Entouré de types en blousons de cuir.

– Prise la semaine dernière dans un établissement appelé la Taverne des Rapides, a laissé tomber Claudel en évitant mon regard. C'est bien votre neveu, là ?
– Je ne vois pas qu'il porte d'insigne de club, ai-je rétorqué sèchement.
– Ce sont des Rock Machine.

Je commençais à en avoir sacrément marre de ces motards sur celluloïd.
Il a posé une seconde photo devant moi : Kit encore, à califourchon sur une Harley, maintenant, et en grande conversation avec deux autres motards. D'aspect soigné ceux-là, mais portant l'uniforme : bandana, bottes et gilet en jean orné dans le dos d'un Mexicain en sombrero, lourdement armé.
La bannière du haut indiquait : Bandidos, celle du bas : Houston.

Kathy Reichs, *Mortelles décisions.*

Get your motor runnin'
Head out on the highway
Lookin' for adventure
And whatever comes our way
Yeah Darlin' go make it happen
Take the world in a love embrace
Fire all of your guns at once
And explode into space

i like smoke and lightning
Heavy metal thunder
Racin' with the wind
And the feelin' that i'm under
Yeah Darlin' go make it happ
Take the world in a love embra
Fire all of your guns at once

And explode into space

Like a true nature's child
We were born, born to be wild
We can climb so high
I never wanna die

Born to be wild
Born to be wild

Mars Bonfire, « Born to Be Wild ».

Born to be w

CATTLEMENS HOTEL
LILLY'S HOTEL
YELLOW ROSE HOTEL

Born to be w
Born to be wi

JACK DANIELS

i like
smoke
and
lightni
ng
Heavy
metal
thunde
Racin
with th
wind

Vers 1880, il y avait en Amérique un groupe d'individus qui aimaient gambader dans les montagnes et les plaines de leur merveilleuse patrie.

Ils aimaient sentir **le vent sur leur visage et le soleil sur leur corps.**

Ils étaient proches **de la nature et avaient un sens particulier de la liberté individuelle.**

Ils s'habillaient **de cuir et s'étaient créé leur propre style.**

Ils avaient souvent **les cheveux longs, et certains portaient des boucles d'oreilles.**

Ils aimaient **se réunir autour d'un feu de camp pour fêter l'amitié.**

Ils se divisaient **en de nombreux clans et groupes, qui avaient leur propre chef.**

Ils se portaient **cependant une méfiance mutuelle, et leurs leaders se disputaient sans cesse.**

Ils ne réussirent **jamais à fusionner tous leurs clans, leurs groupes et leurs bandes.**

On les appelait les Indiens.

variation 27

Vers 1980, il y a en Amérique un groupe d'individus qui aiment gambader dans les montagnes et les plaines de leur merveilleuse patrie.

Ils aiment sentir **le vent sur leur visage et le soleil sur leur corps.**

Ils sont proches **de la nature et ont un sens particulier de la liberté individuelle.**

Ils s'habillent **de cuir et se sont créé leur propre style.**

Ils ont souvent **les cheveux longs, et certains portent des boucles d'oreilles.**

Ils aiment **se réunir autour d'un feu de camp pour fêter l'amitié.**

Ils se divisent **en de nombreux groupes, clubs et associations, qui ont leur propre chef.**

Ils se portent **cependant une méfiance mutuelle, et leurs leaders se disputent sans cesse.**

Ils ne parviennent **pas à fusionner tous leurs clubs, leurs groupes et leurs bandes.**

On les appelle les bikers.

Déclaration de l'ABATE, American Biker Aimed Towards Education (extrait).

Quand j'arrive à l'usine le matin, j'mets mes couleurs sous clé dans mon locker. Pis, pendant huit ou dix heures, j'fais ce qu'on m'dit de faire. J'répare des joints, j'remplace des tuyaux [il est tuyauteur]. Clayton appelle ça du charriage de marde. Mais quand la cloche sonne, la job, j'm'en fous ! J'pars en moto ! J'fais c'qui m'tente, j'dis c'qui m'tente, j'marche comme ça m'tente. Ça, c'est vraiment moé. C'est ça qui m'tient en vie. L'affaire, c'est d'être sûr que la job pis les troubles avec ma blonde prennent pas l'dessus.

Wee Albert, cité par Daniel R. Wolf, *Les « Rebels »*.

TATTOO
CONTEST
DYNO
American Promotions

DYNO
TESTING & TUNING
DYNO
WALL of
DEATH

FUCK YOU
YOU FUCKING
FUCK

EXPRESS
BEER HUT
BUD LIGHT
MILLER LITE
COORS LIGHT
Budweiser
F BEER
lite

CAMEL
CHOPPERS
CAMEL LIGHTS

COPENHAGEN
Territory
COPENHAGEN
Territory
COPENHAGEN
Territory
U.S.

Ralph "Sonny" Barger, *Hell's Angel*.

« Nous étions tout à la fois les Croisés, Gengis khan et le gang de Jesse James. C'était ce même territoire où, en 1876, Crazy Horse avait rallié les guerriers Sioux contre le général George Armstrong Custer. »

Je roulais en tête de toute la bande, et je sentais qu'aucune puissance ne pourrait nous arrêter. C'était comme si j'étais *devenu* le chef Crazy Horse, menant la charge à la tête de centaines et de centaines de motos filant toutes à 130 à l'heure. Les gens, dans les petites villes, entendaient le grondement de nos bécanes longtemps avant de nous apercevoir. La police locale regardait ailleurs. Des panneaux « Fermé » tombaient sur les devantures de commerces en train de cadenasser leurs portes. Les mères attrapaient leurs enfants dans leur parc à jeux et couraient s'enfermer chez elles. Les voitures se rangeaient sur le bas-côté de la route. Mais d'autres, comme les fermiers, ôtaient leur casquette et la plaçaient sur leur poitrine et leur cœur, tandis que les brigades de sapeurs-pompiers nous saluaient.

Ceux des membres qui n'étaient pas des repris de justice étaient lourdement équipés. La loi du South Dakota disait qu'on pouvait avoir des flingues. Donc on en portait. Cisco avait son gilet coupé de telle manière que ses deux Smith & Wesson 59 dépassaient de ses poches. Nous n'étions pas non plus tenus de nous protéger le crâne. Mais Deakon arborait son casque de bataille médiéval à panache. Il allait bien avec l'épée qu'il transportait sur son dos.

Nous sommes entrés dans Sturgis et, descendus de nos bécanes, nous avons traversé la ville à pied, sanglés, impressionnants.

variation 28

Francis Villedon juillet 2003.

Philou mars 2005.

Éric Mathieu avril 2005.

Olivier Nerrant avril 2005.

Ben mars 2005.

Pyou janvier 2005.

Romu avril 2005.

Gilbert Cordéra, Bernard et Claudine Reboux, Alain Londini, Jean-Claude Bourdy, Guy Deuwel avril 2005.

Gilbert Combe et Jean-Pierre Urrilo septembre 2004.

Éric Pinson, Robert Sargiano et Michel Bergadieu août 2003.

Jean-Marc juin 2005.

Maya, Conan et Alba Serena juin 2005.

Abzalon juin 2003.

Marie-Hélène Boussagol octobre 2004.

Tounet et Michou avril 2005.

Maurice Combalbert juin 2003.

Guy Tempier juin 2003.

p. 201 Francis Villedon, dit Fran juillet 2003.
44 ans, customiseur et restaurateur de motos au *Milwaukee Belle*. « Le mec, il a pété un boulon en 1942 ; période qu'il n'a pas connue, vu qu'il n'était pas né ; il en résulte une manie maladive de collectionner tout ce qui a trait à cette époque, dans le domaine Harley ».

p. 202 Philippe Évard, dit Philou mars 2005.
45 ans, directeur des concessions *HD Prestige Motorcycles Fréjus* et *HD Factory Nice*. « One life, one love ! ».

p. 202 Éric Mathieu avril 2005.
30 ans. Il restaure, construit et pilote les anciennes Harley de course. « J'ai la tête perdue dans les années 1930-1940 ».

p. 203 Olivier Nerrant avril 2005.
32 ans, pilote de ligne. Il collectionne les Harley militaires en recherchant l'état d'origine. « Harley, une légende au service de la liberté ».

p. 204 Benjamin Azoulay, dit Ben mars 2005.
31 ans, responsable de *Shop moto Harley*. Sa passion est le custom, le design de motos et sa marque de vêtements Konass.

p. 204 Jean-Pierre Descamps, dit Pyou janvier 2005.
46 ans. Sur sa moto, on lit une phrase de Gibe : « Qu'importe la marque de la machine, dans la chute la douleur est la même ».

p. 205 Laurent Romuald, dit Romu avril 2005.
45 ans, artisan. « 750 racer, une des motos les plus attachantes que j'ai eu » avec laquelle il participe à des réunions-courses de motos anciennes.

p. 206 Gilbert Cordéra, Bernard et Claudine Reboux, Alain Londini, Jean-Claude Bourdy, Guy Deuwel avril 2005.
« Ce qui nous unit au HOG îles d'or Carqueiranne chapter France : les HD, les runs, les amis, les bons moments de convivialité et la bouffe ».

p. 207 Gilbert Combe.
45 ans, patron de *Macadam Moto*. « La différence entre les adultes et les enfants, c'est le prix de leurs jouets ».

Jean-Pierre Orrillo septembre 2004.
45 ans, vendeur de motos. « Le Hog c'est une affaire d'amitiés sérieuses de gens qui ne se prennent pas au sérieux ».

p. 207 Éric Pinson.
44 ans, fonctionnaire.

Robert Sargiano.
49 ans, commerçant.

Michel Bergadieu août 2003.
55 ans, ingénieur. « Le bonheur de rouler ensemble, créer un événement qui durera dans le temps (la Blue Beach Biker's) et qui marquera notre région et le monde des bikers ».

p. 208 Jean-Marc juin 2005.
39 ans, pierceur chez *Maya tattoo*. Il aime ce qu'il y a de plus beau, les plus belles pièces et les délires en tout genre comme son gilet en python.

p. 209 Maya juin 2005.
Tatoueuse chez *Maya tattoo*. Elle a acquis une renommée internationale au cours des différentes conventions. « It's only rock'n roll, but I like it ».

p. 210 Hervé Morand, dit Abzalon juin 2003.
34 ans, préparateur de commandes. « Quand cela est possible, je sors Lucie et l'emmène en balade (à moins que ce soit elle qui me sorte) et rien ne peut gâcher le plaisir de chevaucher un monstre d'acier entièrement modifié et personnalisé. »

p. 210 Marie-Hélène Boussagol octobre 2004.
46 ans, enseignante. « J'utilise ma moto pour le plaisir, pour le travail. Et d'ailleurs, je ne fais mes visites de stagiaires qu'en moto... à leur demande ! Ça pose un prof lorsqu'il est en bécane ! »

p. 211 Lorraine Peretmere, dite Tounet.
57 ans.

Michel Peretmere, dit Michou avril 2005.
59 ans, radiologue. « On n'est pas de vrais rebelles car on roule uniquement avec le soleil, à deux ou à plusieurs, sur les petites routes départementales le plus souvent possible, sans casque... »

p. 212 Maurice Combalbert juin 2003.
75 ans, retraité. Il est le créateur du grand guidon et de motos pour des personnalités du show biz (Johnny Hallyday, Joe Dassin, Michel Polnareff...) et a fait de la figuration avec ses motos dans plusieurs clips (comme celui de la chanson « Harley-Davidson » de Serge Gainsbourg chantée par Brigitte Bardot) et films.

p. 213 Guy Tempier juin 2003.
43 ans, artiste peintre. Il a commencé à peindre sur des motos pour, ensuite, passer exclusivement à la toile.

Team HD Massilia avril 2005.

Dominique Rizzo mécanicien
Guillaume Durif responsable des ventes
Alain Schnieringer responsable des pièces et accessoires
David Zeitoun gérant
Jean-Noël Fayn comptable
Thierry Garnier mécanicien

variation 29

Ainsi l'État n'affronte jamais délibérément le sens intellectuel et moral d'un homme, mais uniquement son être physique, ses sens.
Il ne dispose contre nous ni d'un esprit ni d'une dignité supérieurs, mais de la seule supériorité physique. Je ne suis pas né pour qu'on me force. Je veux respirer à ma guise. Voyons qui l'emportera. [...] Si une plante ne peut vivre selon sa nature, elle dépérit ; un homme de même.

Henry David Thoreau, *La désobéissance civile*.

Going, Going, Gone

I've just reached a place
Where the willow don't bend.
There's not much more to be said
It's the top of the end.
I'm going,
I'm going,
I'm gone.

I'm closin' the book
On the pages and the text
And I don't really care
What happens next.
I'm just going,
I'm going,
I'm gone.

I been hangin' on threads,
I been playin' it straight,
Now, I've just got to cut loose
Before it gets late.
So I'm going,
I'm going,
I'm gone.

Grandma said, « Boy, go and follow your heart
And you'll be fine at the end of the line.
All that's gold isn't meant to shine.
Don't you and your one true love ever part »

I been waikin' the road,
I been livin' on the edge,
Now, I've just got to go
Before I get to the ledge.
So I'm going,
I'm just going,
I'm gone.

Bob Dylan, « Going, Going, Gone ».

FRENCH FRIES

GENERAL ADMISSION

FREE WHEELS
2001
N° ....9....
COURSE DE LENTEUR

ANGIE LAND
SHIRTS
CLEVELAND
CHAPTER
HARLEY DAVIDSON

RENEGADE CLASSICS

EXPERIENCE AND
CELEBRATE LIFE!
RIDING FOR THE SON
CHRISTIAN MOTORCYCLISTS ASSOCIATION
LIFE MEMBER

BOSS
STATES
UNITED

HARLEY-DAVIDSON
HARLEY-DAVIDSON
1200

The
WIZA

HARD WORKING GOOD LOOKING
PFEIL

'S BEACHWAGON
T-SHIRTS
SUN
FRIES
NACHOS
CHIPS
CIGS.

Main Street Pier Restaura
TRAFFIC
LANES

Au fleuve ! Voir le Père des Eaux après la Mère des Routes, vous rendez-vous compte ?

Yves Berger, *Santa Fé*.

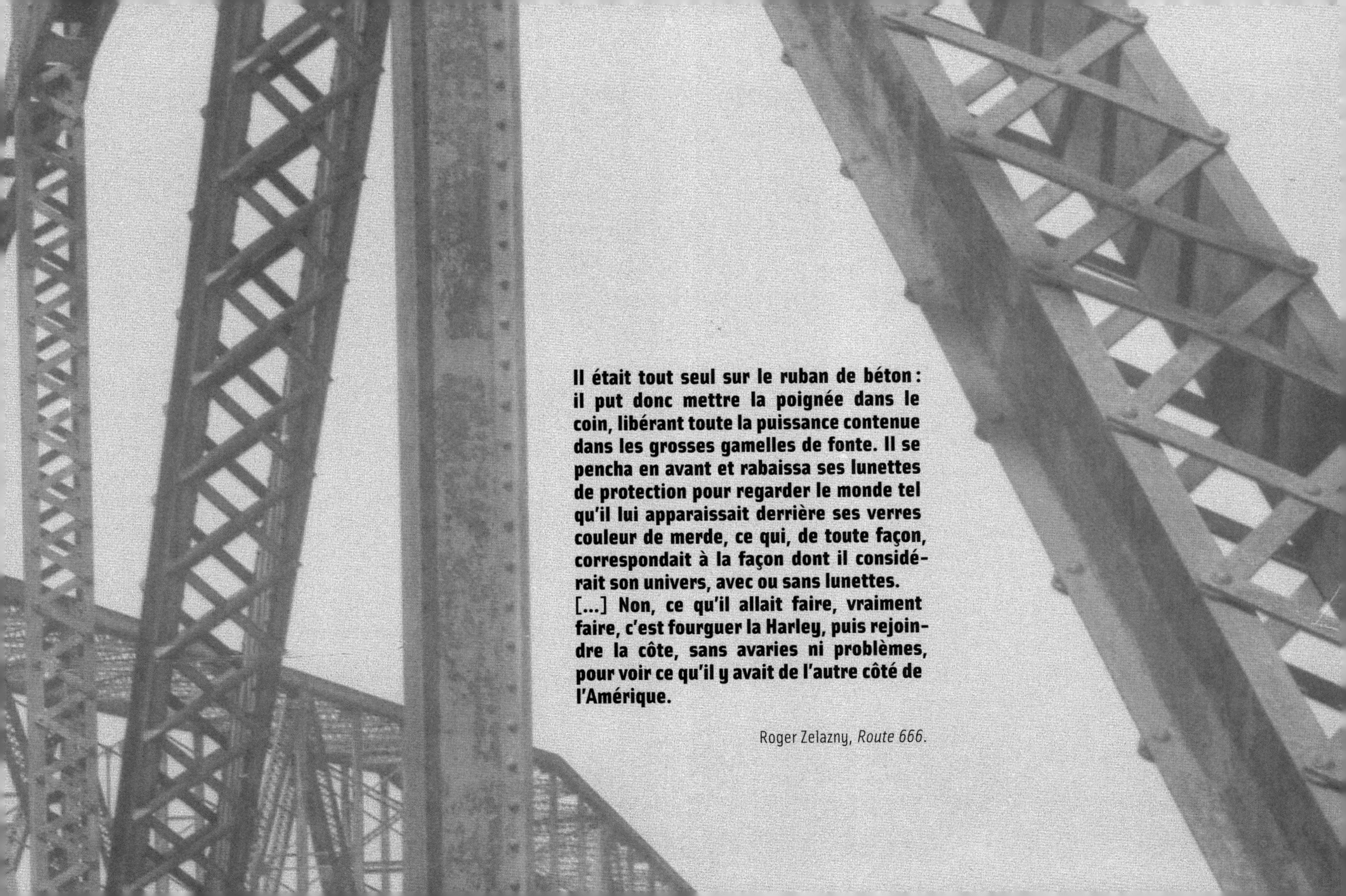

Il était tout seul sur le ruban de béton : il put donc mettre la poignée dans le coin, libérant toute la puissance contenue dans les grosses gamelles de fonte. Il se pencha en avant et rabaissa ses lunettes de protection pour regarder le monde tel qu'il lui apparaissait derrière ses verres couleur de merde, ce qui, de toute façon, correspondait à la façon dont il considérait son univers, avec ou sans lunettes.
[...] Non, ce qu'il allait faire, vraiment faire, c'est fourguer la Harley, puis rejoindre la côte, sans avaries ni problèmes, pour voir ce qu'il y avait de l'autre côté de l'Amérique.

Roger Zelazny, *Route 666*.

La route folle, solitaire, qui au détour d'un virage débouche sur de vastes espaces jusqu'aux neiges de l'horizon — Wasatch, nous promettait, avec l'Ouest, des hauteurs vertigineuses au bout du monde, la côte du Pacifique bleu et la nuit étoilée — des lunes flasques et bananesques inclinées dans le ciel nocturne brouillé, les tourments des grandes formations brumeuses, l'insecte invisible caché dans la voiture rapide, la lumière. — Le monde brut, une bouffée, une butte, une étoile, un tirage, le tournesol dans l'herbe — les terres occidentales d'Arcadie, leurs buttes orange, sables tristes de la terre isolée, dans la rosée de l'espace noir se sentir en contact avec l'infini, terre du serpent à sonnettes et de l'écureuil... le niveau du monde, bas et plat. La route inlassable, puissante et sans voix se lamente sous le rapt de la chape goudronnée, intrigues fabuleuses de propriétaires fonciers tout verts et imprévisibles, fossés sur le bas-côté, tandis que d'ici à Elko je fixe cette épingle parallèle aux poteaux téléphoniques, et j'aperçois un insecte qui danse dans le soleil tiède — pfft, trouvez-vous une place au-delà du train de marchandises le plus rapide, faites la course avec la fumée, trouvez les cuisses, claquez votre fric, jetez le masque, embrassez l'étoile matinale dans le verre du matin — route folle qui pousse les hommes à aller de l'avant. Pattes de mouche de nos désirs les plus flous, mêlées au voyage de l'horizon, un nuage curieux voile le paysage en un fouillis incroyablement lointain, les moutons noirs des nuages dessinent une parallèle au-dessus des vapeurs du CBQ — les rochers serrés du petit Missouri hantent les mauvaises terres, les champs marron et desséchés filent au clair de lune comme le cul lustré d'une vache, les poteaux téléphoniques curent les dents du temps, par son « immense avancée », le voyageur fou de l'automobile solitaire propulse son insignifiance énergique sous forme de plaques minéralogiques et de permis de conduire, dans la vaste promesse de l'existence... choix des épouses et des lunes tragiques. Vide tes bassins dans le vieil Ohio, les plaines indiennes et illinis, emmène tes grands fleuves boueux à travers le Kansas et la vase, Yellowstone dans le Nord gelé, perce des bondes de lac en Floride et à Los Angeles, *élève* tes villes dans la plaine blanche, façonne tes montagnes, étonne l'Ouest, stupéfie-le en sculptant de vaillantes falaises qui s'élèvent glorieusement à des hauteurs prométhéennes — bâtis tes prisons dans le bassin de la lune d'Utah — repousse les terres canadiennes qui aboutissent aux baies arctiques, plisse ton cou mexicain, Amérique.

Jack Kerouac, *Visions de Cody*.

WELCOME
ADRIAN, TEXAS
ROUTE 66
MIDPOINT
LOS ANGELES
1139 MILES
CHICAGO
1139 MILES

ROAD
ENDS

Comme votre bureau me l'a demandé après que nous en ayons parlé il y a quelques semaines, voici, avec un peu de retard, le résumé de mes griefs à l'égard du CD 90.

Le principal reproche que j'ai à adresser au CD 90 tient cependant en ces mots : le piano a manifestement un temps de réaction trop long. Me fiant à mon propre flair en matière d'ajustements mécaniques, j'ai procédé à d'innombrables modifications, au grand bénéfice de l'instrument, cela va sans dire. Ces modifications ont essentiellement pris la forme d'un léger enfoncement des touches. J'avais espoir d'obtenir ainsi l'équivalent d'une réaction à un toucher plus vigoureux. Malheureusement, il ne semble pas que, dans ce cas, mes théories sur l'alignement du clavier se soient parfaitement vérifiées. En conséquence, je ne peux ni ne veux désormais jouer sur cet instrument, même pour une brève période. Je me contenterais de mentionner en passant que l'admiration, le ravissement même, que m'inspirent la souplesse interprétative et technique, la pure exubérance de la palette tonale de mon cher Chickering – mon instrument secondaire – restent inégalés.

Je devrai tout de même me résoudre à utiliser encore le CD 90 pour mes deux derniers concerts de la saison, à la fin de février. Donc, si vous entrevoyez la possibilité de dépêcher vos meilleurs techniciens pour lester les touches de plomb ou autre bricolage illicite, cela devra se faire au cours du prochain mois.

À ce propos, j'ai remarqué en jouant à Vancouver sur le nouveau Steinway – je l'ai néanmoins beaucoup apprécié – que des plombs étaient insérés à la base de la partie antérieure des touches noires, sans doute pour servir de contrepoids à des plombs plus lourds placés à l'arrière. Cela dément quelque peu les véhémentes affirmations de votre distingué représentant au sujet du haut degré d'uniformité de vos instruments.

Cordialement à vous,

Glenn Gould.

Glenn Gould, *Lettre à C. Winston Fitzgerald (Steinway and Sons)*, 27 décembre 1956.

aria-
ion 30

Un beau matin, le médecin n'a pas hoché la tête de la même manière que d'habitude, et ça nous a suffi. Nous sommes aussitôt partis vers l'ouest, en direction des lacs, notre prochaine étape. La moto marchait avec parcimonie, laissant sentir l'effort exigé d'elle, surtout la carrosserie, qu'il fallait à tout moment retoucher avec la pièce de rechange préférée d'Alberto : le fil de fer. Je ne savais pas d'où il avait extrait cette phrase qu'il attribuait à Oscar Galvez : « Partout où le fil de fer peut remplacer une vis, je préfère, c'est plus sûr. »

Ernesto Che Guevara, *Voyage à motocyclette*.

Il s'agit en bref d'une musique qui n'observe ni commencement ni fin ;

une musique sans véritable point culminant ni véritable résolution,

THE GOLBERG VARIATIONS

une musique qui, à l'instar des amants de Baudelaire, repose,

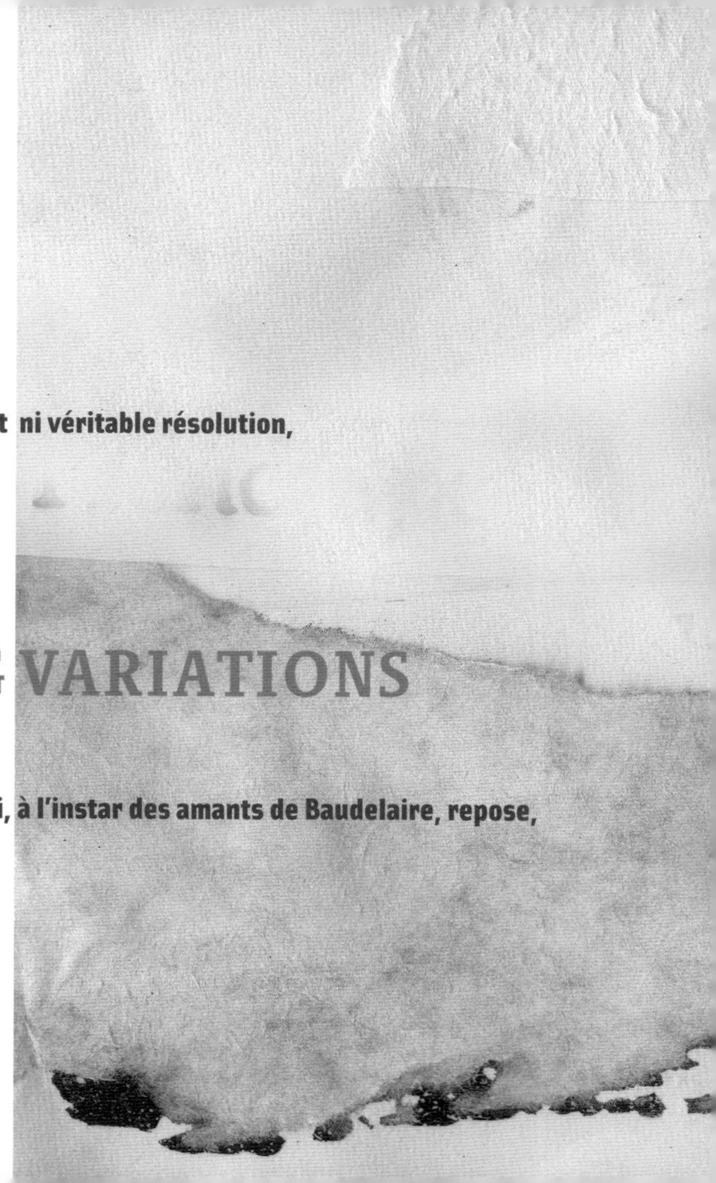

Glenn Gould, « Les variations Goldberg », *Contrepoint à la ligne*.

aria da capo

légère et sans entrave, sur les ailes du vent.

Sources :

Ralph "Sonny" Barger, *Hell's Angel, La vie et l'histoire de Sonny Barger et du Hell's Angels Motorcycle Club*, Paris, Flammarion, 2004.

Yves Berger, *Santa Fé*, Paris, Grasset & Fasquelle, 2000.

Mars Bonfire, « Born to Be Wild ».

Michael Cimino, *Big Jane*, traduction de Anne Derouet, Paris, Gallimard, 2001.

Mylène Couton, *Noir métal*, Paris, Gallimard, 2002.

Jean Dréjac, « L'homme à la moto ».

Bob Dylan, « Dirt Road Blues ».

Bob Dylan, « Going, Going, Gone ».

Bob Dylan, « Never Say Goodbye ».

Glenn Gould, *Contrepoint à la ligne*, traduction de Bruno Monsaingeon, Paris, Fayard, 1985.

Glenn Gould, *Lettres*, traduction de Annick Duchâtel, Paris, Christian Bourgois éditeur, collection « Musique, Passé, Présent », 1992.

Ernesto Che Guevara, *Voyage à motocyclette*, traduction de Martine Thomas, Paris, Mille et une nuits, 2001.

Jack Kerouac, *Visions de Cody*, traduction de Brice Matthieussent, Paris, Christian Bourgois éditeur, collection « Fictives », 1990.

Dean Koontz, *Jusqu'au bout de la nuit*, Paris, Laffont, 2000.

Philippe Labro, *Un été dans l'Ouest*, Paris, Gallimard, 1988.

Rouja Lazarova, *Frein*, Paris, Balland, 2004.

C. Moine, P. Papadiamandis, « Route 66 ».

Cesare Pavese, *La trilogie des machines*, Paris, Mille et une nuits, 1993.

André Pieyre de Mandiargues, *La Motocyclette*, Paris, Gallimard, 1963.

Robert M. Pirsig, *Traité du zen et de l'entretien des motocyclettes*, Paris, Le Seuil, 1978.

Patrick Raynal, *Le Poulpe, Arrêtez le carrelage*, Paris, Éditions Baleine, 1995.

Kathy Reichs, *Mortelles décisions*, Paris, Laffont, 2001.

Martin Jack Rosenblum, *The Holy Ranger, Harley-Davidson Poems*, Milwaukee, Ranger international productions/Lion publishing, 1989.

Henry David Thoreau, *Walden ou la vie dans les bois*, Paris, NRF, 1922.

Henry David Thoreau, *La désobéissance civile*, Paris, Pauvert, 1968.

Bobby Troup, « Get Your Kicks on Route 66 ».

Daniel R. Wolf, *Les « Rebels », Une fraternité de motards hors-la-loi*, Montréal, Éditions Balzac, 1995.

Roger Zelazny, *Route 666*, Paris, Denoël, 2000.

pp. 6-7 : Intérieur d'atelier, mars 2005. **p. 8 :** Intérieur d'atelier, mars 2005. **p. 9 :** Détail de moto Panhead, juillet 2003. **p. 11 :** David Vincent, octobre 2004. **p. 12 :** Claude Tiano, juillet 2003. **p. 13 :** Nicolas Chauvin, septembre 2004. **p. 14 :** Alain Servie, juin 2003. **p. 15 :** Dolorès Federico, novembre 2003. **p. 15 :** Philippe Baroz, juillet 2003. **p. 16 :** Corinne Boutillon et Michel Logelin, juin 2003. **p. 17 :** Christophe Legrand, juin 2004. **p. 17 :** Alban Plantevin, juillet 2003. **p. 18 :** Alexis Collin, septembre 2002. **p. 19 :** David Spennato et sa fille Lou, juillet 2003. **p. 21 :** Jean-Louis Lemettre, septembre 2004. **p. 23 :** Daytona Bike Week, Boardwalk, mars 1999. **pp. 24-25 :** Barcelone Open Road Tour 100e anniversaire HD, juin 2003. **pp. 26-27 :** Route 66, désert de Mojave, Arizona, août 2003. **p. 28 :** Route 66, désert de Mojave, Arizona, août 2003. **p. 29 :** Route 66, Petrified Forest, Arizona, août 2003. **p. 30 :** Route 66, août 2003. **p. 31 :** Route 66, Hackberry, Arizona, août 2003. **pp. 32-33 :** Sturgis Motorcycle Rally, août 2002. **p. 35 :** Route 66, Grand Canyon, Arizona, août 2003. **p. 37 :** Laconia Motorcycle Week, Broken Spoke Saloon, juin 2003. **pp. 38-39 :** Milwaukee Centenaire HD, parade, août 2003. **pp. 40-41 :** Sturgis Motorcycle Rally, Main Street, août 2002. **p. 42 :** Cunlhat Free Wheels, août 2001. **p. 43 :** Sturgis Motorcycle Rally, Main Street, août 2002. **p. 44 :** Daytona Bike Week, Main Street, mars 2001. **p. 45 :** Daytona Bike Week, Main Street, mars 1999. **p. 46 :** Daytona Bike Week, Main Street, mars 2001. **p. 47 :** Daytona Bike Week, Main Street, mars 1999. **pp. 48-49 :** Daytona Bike Week, Main Street, mars 1999. **p. 50 :** Sturgis Motorcycle Rally, Camel Road House, août 2002. **p. 51 :** Daytona Bike Week, Iron Horse, mars 2001. **p. 53 :** Sturgis Motorcycle Rally, Main Street, août 2002. **p. 54 :** Laconia Motorcycle Week, Weirs Beach, juin 2003. **P. 54 :** Daytona Bike Week, Boardwalk, mars 1999. **p. 55 :** Daytona Bike Week, Boardwalk, mars 1999. **pp. 55-56 :** Sturgis Motorcycle Rally, Main Street, août 2002. **p. 57 :** Barcelone Open Road Tour 100^{e} anniversaire HD, Bike Show, juin 2003. **p. 58 :** Sturgis Motorcycle Rally, Main Street, août 2002. **pp. 59-60 :** Daytona Bike Week, Main Street, mars 2001. **p. 61 :** Sturgis Motorcycle Rally, Main Street, août 2002. **pp. 62-63 :** Daytona Bike Week, Jackson Hole Saloon, mars 2001. **p. 64 :** Daytona Bike Week, Atlantic Avenue, mars 1999. **pp. 66-67 :** Daytona Bike Week, Dirty Harry's Saloon, mars 1999. **p. 68 :** Daytona Bike Week, Jackson Hole Saloon, mars 2001. **p. 69 :** Route 66, Jack Rabbit Trading Post, Arizona, août 2003. **p. 70 :** Frédéric Bagur, septembre 2003. **p. 71 :** Gabriel Dujardin, septembre 2004. **p. 72 :** Bruno Selle, septembre 2004. **p. 73 :** Laurence et Claude Loyer, mars 2003. **p. 73 :** Sandrine et Walter Grün, septembre 2004. **p. 74 :** Robert Montay, juin 2004. **p. 75 :** Jacky Héry, mars 2005. **p. 76 :** Boris Vezolles, octobre 2004. **p. 76 :** Pascal Malecki, septembre 2004. **p. 77 :** Olivier Collion, novembre 2004. **p. 78 :** Gilbert Racca, février 2004. **p. 79 :** Jean-Luc Meynier, novembre 2003. **pp. 80-81 :** François et Pascal Bruère, avril 2005. **p. 82 :** Coyote, novembre 2003. **p. 85 :** Route 66, Mac Lean, Texas, août 2003. **pp. 86-87 :** Route 66, Californie, août 2003. **p. 88 :** Route 66, Yellow Horse Trading Post, Nouveau Mexique, août 2003. **p. 89 :** Route 66, Tucumcari, Nouveau Mexique, août 2003. **p. 91 :** Route 66, Seligman, Angel Delgadillo dans son salon de coiffure-musée-souvenirs-bibliothèque, Arizona, août 2003. **p. 92 :** Route 66, Albuquerque, Nouveau Mexique, août 2003. **p. 93 :** Route 66, Kingman, Arizona, août 2003. **pp. 94-95 :** Route 66, Cadillac Ranch, Amarillo, Texas, août 2003. **p. 96 :** Route 66, Leaning Water Tower, Groom, Texas, août 2003. **p. 96 :** Route 66, Roy's Cafe, Amboy, Californie, août 2003. **p. 97 :** Route 66, Rolla, Missouri, août 2003. **p. 97 :** Route 66, Oklahoma City, Oklahoma, août 2003. **p. 98 :** Route 66, Rio Pecos Ranch Truck Terminal, Santa Rosa, Nouveau Mexique, août 2003. **p. 98 :** Route 66, Big Texan, Amarillo, août 2003. **pp. 98-99 :** Route 66, Oatman, Arizona, août 2003. **p. 100 :** Route 66, Ozarks Mountains, Missouri, août 2003. **p. 101 :** Sturgis Motorcycle Rally, Full Thruttle, août 2002. **p. 103 :** Sturgis Motorcycle Rally, Main Street, août 2002. **pp. 104-105 :** Sturgis Motorcycle Rally, août 2002. **pp. 106-107 :** Sturgis Motorcycle Rally, Main Street, août 2002. **pp. 108-115 :** Portraits, mars 1999 / août 2003. **p. 116 :** Laconia Motorcycle Week, Meredith, juin 2003. **p. 117 :** Route 66, Mustang Corral, Mitchell, Illinois, août 2003. **p. 118 :** Laconia Motorcycle Week, Weirs Beach, juin 2003. **p. 119 :** Route 66, Sugar Creek Bridge, Springfield, Illinois, août 2003. **p. 120 :** Route 66, Tally's Cafe, Tulsa, Oklahoma, août 2003. **p. 121 :** Daytona Bike Week, Jackson Hole Saloon, mars 2001. **pp. 123-127 :** Milwaukee 100^{e} anniversaire HD, parade, août 2003. **p. 128 :** Daytona Bike Week, Main Street, mars 1999. **p. 128 :** Barcelone Open Road Tour 100^{e} anniversaire HD, juin 2003. **p. 129 :** Daytona Bike Week, Main Street, mars 1999. **p. 130 :** Sturgis Motorcycle Rally, Deadwood, août 2002. **p. 130 :** Cunlhat Free Wheels, août 2001. **p. 130 :** Daytona Bike Week, Main Street, mars 2001. **p. 131 :** Cunlhat Free Wheels, août 2001. **p. 131 :** Daytona Bike Week, Main Street, mars 2001. **p. 132 :** Daytona Bike Week, Boot Hill Saloon, mars 2001. **p. 132 :** Sturgis Motorcycle Rally, août 2002. **p. 133 :** Daytona Bike Week, Main Street, mars 1999. **p. 133 :** Ride Home 100^{e} anniversaire HD, Albuquerque, Nouveau Mexique, août 2003. **p. 133 :** Daytona Bike Week, Main Street, mars 1999. **p. 134** : Sturgis Motorcycle Rally, Main Street, août 2002. **p. 134** : Daytona Bike Week, Main Street, mars 2001. **p. 135** : Barcelone Open Road Tour 100e anniversaire HD, juin 2003. **p. 136** : Laconia Motorcycle Week, Wears Beach, juin 2003. **p. 137** : Ride Home 100e anniversaire HD, Peter Turnley et le Clown, Amarillo, Texas, août 2003. **p. 138** : Daytona Bike Week, Cabbage Patch, mars 2001. **p. 138** : Daytona Bike Week, Iron Horse, mars 2001. **p. 139** : Sturgis Motorcycle Rally, Main Street, août 2002. **p. 140** : Sturgis Motorcycle Rally, Main Street, août 2002. **p. 140** : Cunlhat Free Wheels, août 2001. **p. 141** : Daytona Bike Week, Main Street, mars 1999. **p. 142** : Laconia Motorcycle Week, Wears Beach, juin 2003. **p. 143** : Sturgis Motorcycle Rally, Main Street, août 2002. **p. 144** : Châteauneuf-les-Martigues, Blue Beach Biker's, août 2004. **pp. 144-145** : Claude Loyer, mars 2004. **p. 145** : Milwaukee 100e anniversaire HD, août 003. **p. 147** : Sturgis Motorcycle Rally, Main Street, août 2002. **p. 149** : Sturgis Motorcycle Rally, Full Throttle, août2002. **p. 150** : Daytona Bike Week, mars 999. **p. 151** : Châteauneuf-les-Martigues, Blue Beach Biker's, août 2004. **p. 152** : Milwaukee 100e anniversaire HD, août 2003. **p. 153** : Laconia Motorcycle Week, Wears Beach, juin 2003. **p. 154** : Daytona Bike Week, Full Moon Saloon, mars 1999. **p. 155** : Route 66, Seligman, Arizona, août 2003. **p. 156** : Ride Home 100e anniversaire HD, Albuquerque, Nouveau Mexique, août 2003. **p. 157** : Daytona Bike Week, mars 1999. **p. 159** : Laconia Motorcycle Week, Rochester, juin 2003. **p. 161** : Charlie Lecach, juillet 2003. **p. 162** : Coraline Giordano et Manu Lautier, octobre 2003. **p. 163** : Thierry Bos, septembre 2004. **p. 164** : André Epinat, août 2003. **p. 164** : Patrick Julliand, août 2003. **p. 165** : Jean-Paul Muzzarelli, août 2003. **p. 166** : Frédéric Tomayan, octobre 2003. **p. 167** : José Fusi, novembre 2004. **p. 167** :Corinne Fusi, août 2003. **p. 168** : Raymond Herbrand, septembre 2004. **p. 169** : Jean-Claude Passetemps, juillet 2003. **p. 171** : Ghislaine Noël, septembre 2003. **p. 172** : Alain Dessenne, Tatouage Nels Tattoo, septembre 2004. **p. 173** : Sturgis Motorcycle Rally, Mont Rushmore, août 2002. **pp. 174-177** : Route 66, Grand Canyon, Arizona, août 2003. **p. 178** : Route 66, Big Texan, Amarillo, Texas, août 2003. **p. 179** : Route 66, Wigwam Motel, Rialto, Californie, août 2003. **p. 180** : Laconia Motorcycle Week, Meredith, juin 2003. **p. 181** : Route 66, Big Texan, Amarillo, Texas, août 2003. **pp. 182-185** : Sturgis Motorcycle Rally, Full Throttle, août 2002. **p. 186** : Daytona Bike Week, Iron Horse, mars 2001. **pp. 188-189** : Sturgis Motorcycle Rally, Full Throttle, août 2002. **pp. 190-191** : Daytona Bike Week, Iron Horse, mars 2001. **pp. 192-194** : Sturgis Motorcycle Rally, Full Throttle, août 2002. **p. 195** : Daytona Bike Week, Full Moon Saloon, mars 1999. **p. 196** : Sturgis Motorcycle Rally, Camel Road House, août 2002. **p. 197** : Laconia Motorcycle Week, Weirs Beach, juin 2003. **p. 199** : Châteauneuf-les-Martigues, Blue Beach Biker's, août 2004. **p. 201** : Francis Villedon, juillet 2003. **p. 202** : Philippe Evard, mars 2005. **p. 202** : Éric Mathieu, avril 2005. **p. 203** : Olivier Nerrant, avril 2005. **p. 204** : Benjamin Azoulay, mars 2005. **p. 204** : Jean-Pierre Descamps, janvier 2005. **p. 205** : Laurent Romuald, avril 2005. **p. 206** : Gilbert Cordera, Bernard et Claudine Reboux, Alain Londini, Jean-Claude Bourdy et Guy Deuwel, avril 2005. **p. 207** : Gilbert Combe et Jean-Pierre Orrillo, septembre 2004. **p. 207** : Éric Pinson, Robert Sargiano et Michel Bergadieu, août 2003. **p. 208** : Jean-Marc, juin 2005. **p. 209** : Maya, juin 2005. **p. 210** : Hervé Morand, juin 2003. **p. 210** : Marie-Hélène Boussagol, octobre 2004. **p. 211** : Lorraine et Michel Peretmere, avril 2005. **p. 212** : Maurice Combalbert, juin 2003. **p. 213** : Guy Tempier, juin 2003. **p. 215** : Team HD Massilia : Dominique Rizzo, Guillaume Durif, Alain Schnieringer, David Zeitoun, Jean-Noël Fayn et Thierry Garnier, avril 2005. **p. 217** : Route 66, vers Arcadia, Oklahoma, août 2003. **p. 218** : Milwaukee 100e anniversaire HD, parade, août 2003. **p. 219** : Sturgis Motorcycle Rally, Main Street, août 2002. **pp. 220-221** : Daytona Bike Week, Cabbage Patch, mars 2001. **pp. 222-223** : Milwaukee 100e anniversaire HD, The Party, Veterans Park, août 2003. **pp. 224-225** : Cunlhat Free Wheels, août 2001. **p. 226** : Sturgis Motorcycle Rally, Full Throttle, août 2002. **p. 227** : Sturgis Motorcycle Rally, Main Street, août 2002. **p. 227** : Daytona Bike Week, mars 1999. **p. 228** : Daytona Bike Week, Boardwalk, mars 1999. **p. 229** : Châteauneuf-les-Martigues, Blue Beach Biker's, août 2004. **p. 229** : Laconia Motorcycle Week, Wears Beach, juin 2003. **pp. 230-231** : Daytona Bike Week, Boardwalk, mars 2001. **p. 232** : Daytona Bike Week, Boardwalk, mars 1999. **p. 233** : Daytona Bike Week, Atlantic Avenue, mars 2001. **pp. 234-236** : Daytona Bike Week, plage, mars 1999. **p. 237** : Daytona Bike Week, Boardwalk, mars 1999. **p. 238** : Route 66, Chain of Rocks Bridge, Saint Louis, Missouri, août 2003. **pp. 240-241** : Route 66, Devil's Elbow, Missouri, août 2003. **pp. 242-243** : Route 66, Arizona, août 2003. **p. 244** : Route 66, Middle Point, Adrian, Texas, août 2003. **p. 245** : Route 66, Pontiac, Illinois, août 2003. **p. 246** : © Archives Glenn Gould (Toronto). **p. 249** : Cunlhat Free Wheels, août 2001. **couverture** : Châteauneuf-les-Martigues, Blue Beach Biker's, « Satanico Pandemonium », chopper de Nicolas Chauvin, août 2004. **quatrième de couverture** : Daytona Bike Week, Cabbage Patch, mars 2001.

Les photographies ont été réalisées avec les appareils Leica M5 et M6, Hasselblad XPan et Rolleiflex sur des pellicules Kodak TMax 100 et 400 aux États-Unis, à Daytona, Floride, en mars 1999 et en mars 2001, à Sturgis, Dakota du Sud, en août 2002, à Laconia, New Hampshire, en juin 2003, à Milwaukee, Illinois, en août 2003, en France à Cunlhat, Puy-de-Dôme, en août 2001, à Châteauneuf-les-Martigues, Bouches-du-Rhône, en août 2004, en Espagne à Barcelone en juin 2003.

Cet ouvrage a été composé en Solex [Zuzana Licko, 2000]
sur une maquette de l'Atelier Graphithèses (Marseille).
Photogravure et séparation : Atelier Graphithèses.
Achevé d'imprimer le 15 septembre 2005
sur les presses de l'imprimerie Delta Color à Nîmes
pour le compte des Éditions Parenthèses à Marseille.
Dépôt légal : octobre 2005.